Ich mit dir, du mit mir

Geschwistergeschichten

Herausgegeben von Dorothee Dengel

Mit Zeichnungen von Jutta Bauer

Deutscher Taschenbuch Verlag

Von Dorothee Dengel (Hrsg.) ist bei dtv junior außerdem
lieferbar:
Von dir und mir. Freundschaftsgeschichten, dtv junior 70453

Originalausgabe
In neuer Rechtschreibung
Dezember 1998
© 1998 Deutscher Taschenbuch Verlag GmbH & Co. KG,
München
Umschlagkonzept: Balk & Brumshagen
Umschlagbild: Jutta Bauer
Gesetzt aus der Aldus 11/13'
Gesamtherstellung: Kösel, Kempten
Printed in Germany · ISBN 3-423-70504-3

Inhalt

Bettina Obrecht

In gute Hände abzugeben

Leider haben mir Mama und Papa erst verraten, dass sie mir eine kleine Schwester besorgen wollten, als es schon zu spät war. Hätten sie es mir früher erzählt, dann hätte ich es vielleicht noch verhindern können. So aber war nichts mehr zu ändern. Mama hatte einen ziemlich dicken Bauch und die kleine Schwester trat von innen manchmal dagegen, so ein Biest war sie schon damals. Mama und Papa hatten sich sogar einen Namen für sie ausgedacht – Leonie – und ein Mobile mit klingenden Glöckchen und flatternden Vögelchen in ihr Zimmer gehängt, das bis jetzt Mamas Zimmer gewesen war. Da sollte ihnen noch einer klarmachen, dass ich überhaupt keine kleine Schwester haben wollte.

Natürlich versuchten sie mir die Sache schmackhaft zu machen. Wenn mir etwas nicht passt, merkt Mama es immer gleich. Sie sagt, ich kriege davon ganz schmale Augen und zupple ununterbrochen an meinen Haaren. Papa hat mir eine traurige Geschichte mit dem Titel ›Das einsame Einzelkind‹ erzählt. Mama ist da ein bisschen geschickter. Sie lockte mich jedes Mal vor den Fernseher,

wenn gerade eine von diesen Serien lief, in denen sich Eltern und ein halbes Dutzend Geschwister untereinander furchtbar lieben. Die gibt es aber nur in Amerika, wo die Leute über jeden blöden Witz lachen. So leicht kriegt man mich nicht. Ich bin ja nicht blöd. Und ich müsste kreuzblöd sein, wenn ich nicht wüsste, wie übel andere Jungs in meinem Alter dran sind mit ihren kleinen Geschwistern. Bei allen lief das Gleiche ab: Erst wollten die Eltern unbedingt so ein Balg haben, aber kaum war es da, haben sie es den älteren Geschwistern überlassen und die mussten es füttern und drauf aufpassen und womöglich in so einem peinlichen Kinderwagen rumschieben.

Mama sah schlimm aus mit ihrem dicken Bauch, aber auf der Straße schauten alle Leute sie freundlich an. Die Frau Milzner aus dem dritten Stock ist auch so dick oder vielleicht noch ein bisschen dicker, aber das schon immer. Die lächelt niemand so an. Da schauen die Leute immer nur entsetzt und einmal habe ich genau gehört, wie eine Frau zu einer anderen gesagt hat: »Dass die sich nicht schämt!«

Es hat alles genau so geklappt, wie Mama und Papa es sich ausgedacht hatten. Bloß dass meine kleine Schwester, das Biest, noch nicht mal warten konnte, bis sie an der Reihe war, sondern schon zwei Wochen zu früh so

heftig in meiner Mama rumtobte, dass die ins Krankenhaus musste. Da haben sie sie dann lieber rausgeholt. Ich
habe ja noch gehofft, dass die Mama es sich überlegt und
das Biest gleich im Krankenhaus lässt. Wo das Biest ihr
doch so wehgetan hat.

»Ich will die jedenfalls nicht sehen«, habe ich gesagt
und so fest an meinen Haaren gezuppelt, dass ich mir ein
paar ausgerissen habe.

»Dann besuch wenigstens die Mama!«, hat die Omi
gesagt. Sie hat so ein listiges Lächeln in den Mundwinkeln gehabt. »Die ist sonst nämlich traurig.«

Die Mama wollte ich schon besuchen, und weil man
ins Krankenhaus was mitbringen muss, habe ich ein paar
Gummidraculagebisse in Papier eingeschlagen und mir
in die Hosentasche gesteckt.

Ich hätte mir ja denken können, dass die mich reinle-
gen im Krankenhaus. Wie ich mit der Omi reinkam, war
meine kleine Schwester, das Biest, natürlich schon da. Sie
lag dick und rund auf Papas Arm und grinste mir entgegen.

»So kleine Kinder können noch gar nicht grinsen!«,
hat die Omi streng gesagt. »Das bildest du dir ein.«

»Sie sieht dir ähnlich«, hat die Mama gesagt. »Du hast
damals fast genauso ausgesehen. Nur ein bisschen dicker
bist du gewesen.«

Also, das war jetzt wirklich gemein. Da komme ich schon zu Besuch und dann sagt die Mama so was Fieses zu mir. Ich hab mir gleich vorgenommen meine Gummidraculagebisse selber zu essen. Das war auch gut so, daheim habe ich nämlich gemerkt, dass die Zähne alle zusammengeklebt sind, und das Papier ging auch nicht mehr runter und der ganze Klumpen ging auch nicht so richtig aus der Hosentasche.

»Wie findest du sie?«, hat die Omi gefragt, als wir durch den Krankenhausflur gegangen sind.

»Ich will sie nicht haben!«, habe ich gesagt. Der Omi kann man so was sagen, die wird nicht so schnell böse, und außerdem glaube ich, egal wie viele kleine Schwestern oder Brüder noch auftauchen sollten, mich hat sie doch am liebsten.

Die Omi hat gelacht und mir ein Eis gekauft. Das Eis war lecker, aber das Lachen von der Omi hat mir überhaupt nicht geschmeckt.

Papa nahm sogar Urlaub, als Mama mit dem Biest nach Hause kam. Die Mama hat überhaupt nicht gut ausgesehen. Sie ist wieder ziemlich dünn gewesen und blass, aber sie hat dem Biest das ganze Theater überhaupt nicht übel genommen.

»Hör auf an deinen Haaren zu zuppeln«, hat der Papa

gesagt. »Die Mama hat jetzt keine Zeit, sich um deine Launen zu kümmern.«

Als wäre ich schuld gewesen.

Ich hab versucht mir die Gummizähne über die richtigen Zähne zu kleben, damit das Biest gleich einen gehörigen Schreck kriegt, aber sie haben nicht richtig gehalten und mit Uhu wollte ich es lieber nicht probieren.

Zuerst waren alle begeistert von dem Biest, das sie »Leonie« nannten. Das Biest hat gleich erkannt, dass alles nach seiner Pfeife tanzte. Dabei hatte es überhaupt keine Pfeife, nur seine Stimme, und die war Furcht erregend. Am schlimmsten klang sie nachts, genau in der Zeit, wo wenige Autos fahren und der Kettenraucher-Nachbar nicht mehr hustet und man endlich ruhig schlafen kann. Die ersten paar Mal bin ich selbst richtig erschrocken, weil sie so laut geschrien hat. Auch wenn sie ein Biest war, wollte ich ja nicht, dass es ihr richtig schlecht geht. Aber es war alles nur ein Trick. In Wirklichkeit ging es ihr gar nicht schlecht. Sie wollte einfach nur, dass die Mama aufsteht und sie an ihrer Brust trinken lässt. Das muss man sich mal vorstellen. Dass die Mama das mitgemacht hat, hat mich sehr überrascht.

Der Papa musste der Leonie zwar nicht die Brust geben, aber geweckt hat sie ihn trotzdem und nach ein paar

11

Wochen hatte er richtige Schatten unter den Augen und war beim Frühstück so schlecht gelaunt, dass ich meine Milch lieber getrunken habe ohne zu quengeln.

»Das war eine blöde Idee mit der Leonie«, habe ich an einem solchen Morgen gesagt. Den Eltern gegenüber habe ich immer den richtigen Namen vom Biest verwendet.

»Was meinst du?«, hat der Papa gefragt und einen Kaffeefleck mit dem Taschentuch auf dem Hemd zerrieben. Gut, dass er von vornherein ein geschecktes Hemd angehabt hat, das Reiben hat nämlich nicht viel geholfen.

»Dass ihr euch die Leonie angeschafft habt. Wo die doch bloß dauernd schreit. Noch nicht mal lachen kann sie.«

Der Papa hat auf den Fleck gestarrt und tief geseufzt.

»Das überlegt man sich vorher nicht richtig«, hat er gesagt. »Man stellt sich immer nur die schönen Seiten vor.«

Von den schönen Seiten hatte ich noch überhaupt nichts bemerkt.

»Ich hab's gleich gewusst«, habe ich gesagt. »Der Julius hat auch so eine und die Meli auch. Die sind genauso. Die nerven nur.«

Der Papa hat mir richtig über die Haare gestrichen.

»Wir hätten dich fragen sollen«, hat er gesagt. »Vor allem die Mama, die hätte dich mal vorher fragen sollen.«
Das war ein schöner Augenblick.

Mit dem Biest ist es immer schlimmer geworden.

Sie hat zugenommen und konnte von Tag zu Tag lauter brüllen.

Jetzt wohnte sie schon monatelang bei uns, aber sie konnte immer noch nichts anderes als brüllen. Dass so kleine Kinder noch nicht sprechen, das ist nicht ihre Schuld, das ist eben so eingerichtet. Aber ein derartiges Gebrülle hält kein Mensch aus.

»Es gefällt ihr bei uns nicht«, habe ich zur Mama gesagt. »Sie möchte lieber woanders wohnen.«

»Was?«, hat die Mama erst gefragt, weil sie mich durch das Gebrüll hindurch nicht verstehen konnte, und nachdem ich den Satz ein bisschen lauter wiederholt hatte, hat sie müde gelächelt und »Blödsinn!« gesagt, aber so richtig überzeugt klang es nicht.

Der Papa hat plötzlich angefangen sich für Fußball zu interessieren und ist mit mir samstagnachmittags auf den Fußballplatz gegangen. Ich fand es da ziemlich langweilig, aber ich bin trotzdem gern mitgegangen, weil ich dann das Gebrüll und die genervte Mama nicht ertragen musste.

Die Mama war allerdings noch mehr genervt, wenn wir zurückgekommen sind, und sie hat dem Papa vorgeworfen, dass er sich drückt und sie im Stich lässt mit dem ganzen Schlamassel, und das Biest hat gebrüllt, dass die Gläser im Schrank leise mitgescheppert haben.

»Meine Eltern krachen sich auch ständig, seit der Zwerg da ist«, hat die Meli in der Schule gesagt. Der Zwerg ist der kleine Bruder von der Meli. »Die Mama macht dem Papa immer Vorwürfe, weil er den Zwerg nicht wickeln will, aber der Papa sagt, ihm wird schlecht und er muss schon einen Schnaps trinken, wenn er nur dran denkt.«

»Schreit der auch so viel, dein Zwerg?«, habe ich gefragt.

»Jetzt nicht mehr«, hat die Meli gesagt. »Das war nur am Anfang.«

»Das Biest brüllt ununterbrochen«, habe ich gesagt. »Der Papa sagt, wenn das so weitergeht, schläft er im Büro und dann wird er entlassen und wir müssen in einen alten Eisenbahnwaggon ziehen.«

Die Aussicht fand ich eigentlich ziemlich verlockend, nur hatte der Papa gesagt, da ist so wenig Platz, dass ich unmöglich meine Ritterburg und die Pirateninsel mit-

nehmen kann und die Kieselsammlung schon überhaupt nicht.

»Dann gibt es bei euch nur noch Wurzeleintopf zu essen«, hat die Meli boshaft gesagt. »Und nie wieder Kuchen. Dann komme ich euch nie mehr besuchen.«

»Brauchst du auch gar nicht!« So was Fieses wie das mit dem Eintopf kann sich auch nur die Meli ausdenken, die daheim ständig leckere Sachen kriegt wie zum Beispiel Pizza mit Salami oder Pizza mit Schinken oder Pizza mit Würstchen.

Jeden Tag Wurzeleintopf zu essen ist sicher ungesund und die Mama sah sowieso schon so schlecht aus, ganz dünn und blass, und dazu hat das Biest noch jeden Tag mehrmals an ihrer Brust getrunken.

»Ich würde sie ja mal ans Fläschchen gewöhnen«, hat die Mama gesagt, »aber dann schreit sie noch mehr.« Obwohl sich das keiner vorstellen konnte. Die Omi hat die Mama in den Arm genommen und gedrückt, als wäre sie ein Kind.

»Das geht vorbei«, hat sie gesagt. »Schau dir den Jungen an.«

Sicher hat sie gemeint, dass so ein gelungener Sohn wie ich ein großer Trost ist, wenn man schon ein Biest zur Tochter hat.

»Und mit dem Thomas streite ich mich auch dauernd«, hat die Mama jetzt geschluchzt. Thomas ist mein Papa. Der Omi hat es gar nicht gepasst, dass ich im Zimmer war, ich hab's genau gesehen. Sie hat die Mama weiter gedrückt und mir einen strengen Blick zugeworfen.

»Und außerdem wird er arbeitslos, weil er im Büro schläft!«, habe ich gesagt. »Ach Kinder, Kinder«, hat die Omi gesagt und den Kopf geschüttelt. Bei Omis weiß man nie so genau, wen sie damit alles meinen.

Als das Biest in dieser Nacht wieder gebrüllt hat, habe ich einen Plan gemacht, einen Familien-Rettungsplan.

Einer muss sich ja um so etwas kümmern.

Ich hab gedacht, dass es dem Biest offensichtlich bei uns überhaupt nicht gefällt und dass es uns auch schon lang nicht mehr mit dem Biest gefällt. So etwas kann ja vorkommen, und weil man Kinder bekanntlich nicht umtauschen kann, muss man sie in so einem Fall verkaufen.

Viel Geld bekommt man für so ein Biest natürlich nicht, aber das ist ja auch nicht so wichtig. Wichtig ist, dass das Biest einen netten Platz findet, weil es ja immerhin mit uns verwandt ist, und dass bei uns wieder alles so wird wie früher. Dann sind alle zufrieden.

Am Sonntagmorgen ist auf dem Platz vor der Kirche

immer Kinderflohmarkt. Da kann man die Spielsachen und die Kleider verkaufen, aus denen man rausgewachsen ist. Ich bin schon früher zweimal dort gewesen, obwohl es der Mama gar nicht gefallen hat, dass ich meine Sachen verkaufe. Aber weil es mir viel Spaß gemacht hat, hat sie mich doch ab und zu gelassen. Die Spielsachen, die mir Onkel Sebastian schenkt, mag sie sowieso nicht, weil die immer riesig groß und ganz aus Plastik sind. Auf dem Flohmarkt gehen immer viele nette Mütter und Väter einkaufen. Ich hab mir gedacht, dass sich dort bestimmt auch jemand findet, der es mit dem Biest versuchen will.

Natürlich habe ich keinem von dem Plan erzählt. Es sollte eine Überraschung sein. Ich wollte früh am Sonntag schon weggehen und Mama und Papa würden unheimlich lange schlafen und erholt aufwachen und sagen: »So ein herrlicher Tag, ganz wie früher!« Und erst nach einer Weile würde ihnen das Biest einfallen, aber dann wäre ich schon zurück und könnte erzählen, was für eine nette neue Familie das Biest hat.

Ich habe Glück gehabt. Am Sonntagmorgen ist die Mama wieder ins Bett gegangen, nachdem das Biest gebrüllt hatte. Obwohl es schon hell war.

Der Papa hat leise geschnarcht.

Nach einer Weile bin ich aufgestanden. Ich war ein

17

bisschen aufgeregt, weil es schwierig ist, die Leonie aus ihrem Bettchen zu heben, ohne dass sie runterfällt. Sie ist schon ziemlich schwer. Dann musste ich sie durch die ganze Wohnung schleppen und in den Kinderwagen hieven. Der stand glücklicherweise noch draußen, weil die Mama mir am Abend vorher gesagt hatte, ich soll ihn noch reinholen. Das habe ich vorsichtshalber vergessen, damit ich morgens nicht so einen Lärm mache.

Als ich den Wagen angeschoben habe, hat das Biest die Augen aufgemacht und mich fragend angeschaut.

»Schlaf weiter«, habe ich zu ihm gesagt. »Und brüll jetzt bloß nicht. Wenn du brüllst, will dich keiner haben.«

Das Biest hat nicht gebrüllt. Es hat die Augen zugemacht und ein bisschen geschmatzt und dann wieder geschlafen. Vielleicht hat es schon von der netten neuen Familie geträumt.

Auf dem Platz vor der Kirche waren schon viele Kinder und Erwachsene. Die Kinder haben ihre alten Sachen auf Decken vor sich hingelegt. Ich habe mir eine schöne Ecke dicht vor dem Brunnen ausgesucht und meine Flohmarktdecke davor ausgebreitet. Dann habe ich drei alte Comichefte und zwei Hörspielkassetten, die schon geleiert haben, und das Biest auf den Teppich gelegt. Das Biest hat noch ein Kissen bekommen, weil das Kopfstein-

pflaster so hart ist. Dann habe ich vor das schlafende Biest ein Schild gestellt, das ich am Tag zuvor mit lila Wasserfarbe geschrieben hatte. »In gute Hände abzugeben« stand drauf. Das schreiben die Leute sonst immer in die Zeitung, wenn sie ihre jungen Hunde loswerden wollen. Ein paar Leute sind vorbeigekommen, aber die haben sich nicht für das Biest interessiert. Die einen haben gekichert, die anderen die Köpfe geschüttelt. Der Platz vor dem Brunnen war nicht so gut, ich musste nämlich wegen dem Plätschergeräusch sofort pinkeln. Ich konnte aber nicht weg, weil ich die Leonie ja nicht einfach da liegen lassen durfte.

Ein kleiner Junge hat die Hörspielkassetten gekauft. Ich habe ihm nicht gesagt, dass sie schon leiern, aber dafür hat er sie billig bekommen.

Ich habe mich auf dem Markt umgesehen, ob ich irgendwo eine nette Familie für das Biest entdecke. Ein paar freundliche Mütter habe ich schon gesehen, aber keine sah so nett aus wie die Mama, und wenn es dem Biest bei so einer netten Mama wie unserer nicht gefallen hat, dann muss man etwas Besseres für sie finden.

Die Kirchturmuhr hat halb geschlagen und dann drei viertel und keiner hat sich für das Biest interessiert. Da habe ich einen roten Filzstift ausgepackt und unter das

»In gute Hände abzugeben« noch in dicken Buchstaben geschrieben: »Superbillig!«

Das hat natürlich gewirkt. Es hat nicht lange gedauert, da stand ein Mann vor uns. Ein ziemlich alter, er hatte schon fast so eine große Glatze wie Onkel Sebastian.

»Na, was willst du für das Kind haben?«, hat er gefragt und die Hände in die Hüften gestemmt.

Ich habe an ihm hochgeschaut. Er hatte einen Schnauzbart. Männer mit Schnauzbart konnte ich nicht so besonders leiden. Außerdem hatte ich mehr an eine Frau gedacht. Aber vielleicht wollte er das Biest ja seiner Frau schenken.

»Oder ist das nur ein Witz?«

»Nein«, habe ich schnell gesagt.

»Wie viel?«

Das hatte ich mir gar nicht vorher überlegt. Richtig teuer konnte man so ein Schreibiest nicht verkaufen, logisch. Aber vielleicht reichte der Preis für den Gameboy, den der Jonas verkaufen wollte. Und dazu einen Blumenstrauß für die Mama, damit sie noch ein bisschen froher wäre.

»Fünfzig Mark!«, habe ich gesagt.

»Hm!« Der Mann hat an seinem Schnurrbart gezupft wie ich an meinen Haaren. »Das ist günstig. Den Kinderwagen gibt es aber für den Preis dazu, oder?«

»Ich glaube schon!«, habe ich gestottert. Mit dem Kinderwagen, das wusste ich nicht so genau, denn der hatte richtig Geld gekostet, den hat die Mama nicht einfach umsonst gekriegt wie das Biest. Aber was sollten wir ohne Biest mit einem Kinderwagen?

»Was kann er denn?«, hat der Mann gefragt und mit dem Kinn auf das Biest gedeutet.

»Das ist ein Mädchen und sie heißt Leonie«, habe ich gesagt. »Und sie kann noch nichts. Schließlich ist sie noch klein. Sie kann noch nichts können.«

»Hm!«, hat der Mann wieder gemacht. »Ein Mädchen, soso. Na, das macht auch nichts. Was isst sie denn so am Tag?«

Da bin ich rot geworden. Ich konnte doch keinem fremden Mann erzählen, dass die Mama das Biest an ihrer Brust trinken lässt!

»Milch!«, habe ich gesagt. »Warme Milch.«

»Aha.« Der Mann hat sich zu Leonie herabgebeugt. Die Leonie hat die Augen aufgemacht und den Mann groß angeschaut. Ich hätte verstanden, wenn sie jetzt gebrüllt hätte. Meine Schwester konnte sicher auch keine Schnauzbärte leiden. »Gut genährt ist sie ja!«, hat der Mann gesagt.

Ich habe einen Schreck gekriegt. Das klang ja so, als wollte er sie fressen! Natürlich gibt es keine Menschen,

die kleine Kinder fressen, aber man weiß ja nie. Wofür wollte er sie denn sonst haben?

»Haben Sie denn eine Frau?«, habe ich misstrauisch gefragt. »Sie ist nämlich eine Mama gewöhnt.«

»Klar habe ich eine Frau!«, hat der Mann gesagt. »Die mag Kinder auch sehr gern!« Und er hat sich die Lippen geleckt.

Ich musste inzwischen wegen dem Brunnengeplätscher ganz dringend pinkeln. Wenn ich dem Mann die Leonie jetzt einfach in den Arm gedrückt hätte, dann hätte ich noch schnell hinten ins Gebüsch rennen können.

»In Ordnung, ich nehme sie«, hat der Mann gesagt und seinen Geldbeutel aus der Hosentasche gezogen. Er hat einen Geldschein herausgefischt und ihn mir hingehalten.

Ich habe ihn nicht genommen.

»Was ist? Ist es dir doch zu wenig? Ich leg noch einen Zehner drauf!«, hat der Mann gerufen und einen Zehnmarkschein auf den Fünfziger gelegt.

»Keine Angst, die Kleine hat es gut bei uns.«

»Sie schreit dauernd!«, habe ich eingewendet.

»Das gewöhnen wir ihr schon ab!«, hat der Mann zuversichtlich gesagt und mit den Geldscheinen gewedelt. Er hatte hässliche, prankige Hände mit abgekauten Nägeln und dicken Haaren auf den Fingern.

»Man darf sie nicht hauen!«, habe ich gesagt.

»Willst du jetzt das Geld oder nicht?«

Ich habe mich umgeschaut, ob mir jemand helfen könnte, falls der Mann jetzt einfach die Leonie schnappt und wegrennt. Mehrere Frauen haben aufmerksam zu uns herübergeschaut und getuschelt. Das hat mir Mut gemacht.

»Ich geb sie gar nicht her«, habe ich gesagt. »Schließlich ist sie meine kleine Schwester.«

Ich hab erwartet, dass der Mann mich anbrüllt. Aber er hat seine Scheine wieder eingesteckt und dann hat er plötzlich laut gelacht, wie ein Pirat, der gerade einem englischen Offizier die Kehle durchgeschnitten hat, und ist weggegangen.

Ich hab die Comics in den Kinderwagen geschmissen und die Leonie mitsamt dem Kissen hinterher. Ich hab gedacht, wenn ich mich beeile und das Geplätscher nicht mehr höre, dann schaffe ich es vielleicht noch daheim aufs Klo.

Dann bin ich mit dem Kinderwagen losgerannt. Er hat auf dem Kopfsteinpflaster gerüttelt und geschüttelt, aber der Leonie hat das gefallen. Sie hat die Augen wieder weit aufgemacht, mich angeschaut und dann hat sie irgendwie ein kleines bisschen gelächelt.

Dorothee Haentjes

Privatfernsehen

Unser größtes Problem war, dass wir wieder mal kein Geld hatten. Wir, das sind mein älterer Bruder Marius und ich. Ich heiße Clara.

Genau genommen haben wir auch noch einen kleinen Bruder, Clemens, aber der ist erst sieben und geschäftlich gesehen noch nicht einsatzfähig. Auch wenn er natürlich derjenige von uns ist, der immer am meisten Geld hat, weil er bisher noch nicht wusste, wofür er sein Taschengeld ausgeben sollte. Mittlerweile weiß er es: Marius und ich haben ihn überredet uns seine gesamten Ersparnisse auf unbestimmte Zeit zu leihen. Älter zu sein hat gegenüber jüngeren Geschwistern manchmal gewisse Vorteile.

Trotzdem klaffte in der Gemeinschaftskasse, die Marius und ich angelegt hatten, noch immer ein Riesenloch. So ein Porsche – auf den wir seit ein paar Wochen sparen – kostet eben einen Haufen Geld.

Klar, bis wir den Führerschein überhaupt machen können um so ein Ding zu fahren, dauert es noch eine ganze Weile: für Marius noch sechs und für mich immerhin noch acht Jahre. Aber wenn man die Erwachsenen so

24

reden hört, wie schnell die Zeit vergeht ... Darum dachten wir uns, wir fangen lieber etwas früher an.

Wir hatten natürlich schon auf die übliche Art versucht unser Taschengeld aufzubessern: einkaufen gehen, den Mülleimer rausbringen und so weiter. Und wir schrieben eifrig sämtlichen Omas, Opas und sonstigen Verwandten Grüße zu Weihnachten, Ostern oder auch nur zwischendurch. Aber die Ausbeute blieb mager.

»So hat es keinen Zweck«, stellte Marius eines Tages fest. »Was uns fehlt, ist die richtig zündende Geschäftsidee.«

»Das habe ich auch schon gemerkt«, antwortete ich. »Aber was stellst du dir darunter vor?«

»Keine Ahnung«, antwortete Marius. »Eben etwas richtig Gutes. Mit wenig Arbeit und viel Gewinn.«

»Was ist denn mit deinem Video-Verleih?«, fragte ich.

Marius zuckte die Schultern. »Das bringt zu wenig. Eine Mark pro Film, wie in der Videothek. Sonst sind wir nicht konkurrenzfähig.«

In diesem Moment klingelte das Telefon. Ich ging dran. Es war für Marius. Wie immer. Einer seiner Schulfreunde.

»Hi, Jonas, was gibt's?«, fragte Marius, als ich ihm den Hörer in die Hand drückte. Dann wurden seine Augen groß. »Wieso, was ist denn mit dem Video?«

25

Ich drückte auf die Lautsprechertaste des Telefons.

»Du wolltest mir doch ›Vier Hochzeiten und ein To-
desfall‹ leihen«, hörte ich Jonas sagen. »Die richtige
Hülle hast du mir auch gegeben. Aber weißt du, was für
ein Band darin war? Der erste Schultag deiner Schwester.«

Peinlich! Ich fühlte, wie ich knallrot wurde. Ich mit
Schultüte und Zahnlücke! Oh, dieses verfluchte Band.
Ich hatte es schon längst wegwerfen wollen.

»Zuerst war es stinklangweilig«, fuhr Jonas fort.
»Aber dann wurd's echt lustig. Die Stelle, wo deine Oma
auf dem Nachhauseweg mitten in die Hundescheiße
tritt, ist einfach genial! Ich hab mich schlappgelacht.
Wenn du noch mehr solche Bänder hast, kannst du sie
mir alle leihen. Dafür zahl ich sogar zwei Mark.«

Ich glaube, das war der Moment, in dem bei mir das
kleine rote Lämpchen zu leuchten begann. Genau gesagt,
es begann zu glühen!

»Das ist es«, sagte ich, nachdem Marius aufgelegt
hatte. »Das ist unsere Geschäftsidee.«

»Hä?«, machte mein Bruder.

»Na klar! Bänder von Familienfesten haben wir doch
jede Menge«, antwortete ich. »Im Keller steht eine ganze
Kiste voll.«

Am nächsten Tag gleich nach der Schule begannen wir die Bänder durchzusehen und auf ihre Eignung zu prüfen. Schließlich hatten Marius und ich keine Lust, uns selbst zu blamieren. Und einen Katalog für unsere Kunden brauchten wir natürlich auch.

Während Marius die Bänder beschriftete, schnappte ich mir die Fernsehzeitung um die Videos nach den dort üblichen Kategorien zu klassifizieren.

»Talk« stand da zum Beispiel. Ganz klar, darunter fiel das Video von Omas Geburtstagskaffee. Eigentlich eine eher öde Angelegenheit. Bis zum Auftritt der Sprühsahne-Flasche. Ich weiß ja nicht, was an der Bedienung dieser Dinger so schwierig sein kann. Aber egal. Jedenfalls kam dadurch ein bisschen Stimmung ins Bild. Leider hatte mein Vater aber wohl vergessen anschließend die Video-Kamera auszuschalten. Bei dem Herumgewische auf der Linse überlegte ich, ob man diesen Spot nicht auch mal als Werbung für Küchenrollen verkaufen könnte.

Dann kam das Band von Tante Heras Hochzeit. Meine erste Idee war, dem Video den Aufkleber »Romanze« zu verpassen. Tante Hera schwebte in einem Rolls-Royce heran. Durch das Autofenster sah man ihr weißes Seidenkleid, auf das sie so stolz war. Das Auto hielt, Tante Hera stieg aus und ihr Bräutigam reichte ihr die Hand um sie ins Standesamt zu führen. Bis hierhin war es ein

27

ganz normaler Hochzeitsfilm. Aber dann ging es los: Onkel Herbert schloss die Tür des Wagens und der Rolls-Royce fuhr an. Leider klemmte ein winziger Zipfel von Tante Heras langem Kleid in der Autotür. Es gab ein kreischendes Geräusch, das allerdings nicht von Tante Hera kam, obwohl sie den Mund zu einem gellenden Schrei geöffnet hatte. Sie hielt sich ihr schulterfreies Kleid, oder besser gesagt, das, was jetzt noch davon übrig war, so gut es ging fest. Die Kamera wackelte aufgeregt hin und her, während alle schreiend durcheinander liefen, dann wurde mittendrin abgeschaltet. Ich notierte den Begriff »Lustspiel«.

»Es geht noch weiter«, sagte mein Bruder Marius und spulte ein wenig vor.

Tatsächlich kam jetzt die ganze Hochzeitsgesellschaft schon wieder aus dem Standesamt heraus und baute sich zum Erinnerungsfoto an diesen denkwürdigen Tag auf. Die Leute aus der hinteren Reihe wirkten noch einigermaßen normal. Bis auf Mama. Die hielt ihre Arme so komisch, weil sie von hinten Tante Heras Kleid zuhalten musste. Das wirkte schon sehr verkrampft. Der frisch gebackene Ehemann hatte auf der Wange vier rote Streifen. Tante Hera hatte ihm noch im Standesamt eine geklebt, weil er irgendetwas darüber gesagt hatte, dass ein rückenfreies Kleid doch auch hübsch sei.

Tante Hera selbst sah mit den schwarzen Augenhöhlen in ihrem bleichen Gesicht aus wie ein Vampir. Offenbar war ihr Make-up nicht tränenfest. Neben den Brautleuten standen rechts und links die Mütter der beiden. Sie heulten Rotz und Wasser und trompeteten abwechselnd in ihre Taschentücher. Es war ein Lärm wie im Elefantenhaus. Das i-Tüpfelchen der Szene stand in der vordersten Reihe: Anstatt Blumen zu streuen hatte sich unser kleiner Bruder Clemens, damals drei Jahre alt, gerade in die Hose gemacht.

Marius und ich sahen uns kurz an. Wir waren uns einig. Ich strich das Wort »Lustspiel« wieder aus und machte kurz entschlossen »Melodram« daraus.

Nach und nach bekamen wir eine ganze Menge Material zusammen. In der Kategorie »Serie« hatten wir massenweise Urlaubsfilme zu bieten. Es spielte dabei keine Rolle, dass die Filme an verschiedenen Orten gedreht worden waren. Die Darsteller waren ja immer dieselben: Unser Vater, der mit Flossen aus dem Meer kam, in die Kamera winkte, dabei im knietiefen Wasser über seine Entenfüße stolperte und sich so richtig hinbrezelte. Oder unsere Mutter, die bemüht war das Eisessen gegen die Sonne zu gewinnen, während ihr die ganze Soße schon bis zum Ellenbogen den Arm hinunterlief. Dazu grinste sie wie ein Honigkuchenpferd. Ein Honigkuchenpferd

am Strand wohlgemerkt. Und natürlich die alte Nummer mit dem Liegestuhl, der unserem Vater so lange immer wieder zusammenklappte, bis der Strandwärter kam und ihn mit zwei Handgriffen aufbaute. Den Showdown des Videos, als unsere Mutter den breiten Rücken des Bademeisters gefilmt hat, hat unser Vater offenbar überspielt.

Wir schoben einen Film nach dem anderen in den Rekorder. Am Abend hatten wir die ganze Kiste durchgesehen. Es war uns gelungen, auch noch die Kategorien Gameshow (eine Party unserer Eltern mit Tanzspielen), Katastrophenfilm (Papa setzt beim Grillen den halben Garten in Brand) und Dokudrama (die Weihnachtsgans kommt als verbranntes Alien aus der Backröhre) zu besetzen. Jetzt war nur noch eine Kassette übrig.

Die schwang Marius triumphierend in der Hand. »Das hier ist der Hit an sich«, sagte er. »Und den verleihen wir nicht.«

»Warum nicht?«, wollte ich wissen.

»Weil das ein ganz besonderer Film ist«, antwortete mein Bruder. »Brandneu. Und für den habe ich mir etwas ganz Besonderes ausgedacht. Wart's ab, bis Sonntagnachmittag.«

Sonntagnachmittag? Was sollte da schon sein? Aha, Moment, Sonntag war Marius' Geburtstag!

Es war ein kleines Wunder. Unser Video-Verleih lief plötzlich wie am Schnürchen. Die Filme wurden uns förmlich aus der Hand gerissen und mit jeder Kassette, die wir verliehen, kamen wir unserem Traumziel Porsche ein winziges Stück näher.

»Wenn das so weitergeht, müssen wir nachdrehen«, stellte ich fest. Es war gerade Pause und Marius und ich konnten unseren kleinen Schulhof-Laden – eine alte Reisetasche mit den Videos und eine Geldkassette – vor dem Ansturm der Fans kaum retten. »Was uns noch fehlt, ist ein richtig gutes Drama.«

Aber Marius schüttelte den Kopf. »Man filmt keine Beerdigungen«, sagte er. »Aber keine Sorge«, fuhr er dann fort. »Spätestens an Weihnachten gibt es wieder genügend Familienfeste. Mit brennenden Tannenbäumen und so.«

Diese Aussicht beruhigte mich einigermaßen.

Was sich Marius für den Sonntagnachmittag ausgedacht hatte, war mir aber immer noch nicht klar. Und weil in der Regel ich diejenige bin, die die richtig guten Ideen hat, hätte ich eine Menge darum gegeben, seine Pläne zu kennen. Ich wollte einfach wissen, wie es weiterging.

»Wie es weitergeht? – Genau das ist der Punkt«, ant-

wortete Marius. Er hob die Kassette in die Höhe. »Was wir hier haben, ist das absolut Schärfste, was unser Privatfernsehen zu bieten hat. Und es wird unserem Geschäft den neuen Kick verleihen. Du kennst doch diese Sendungen, wo der Film an einer bestimmten Stelle angehalten wird und das Studio-Publikum raten muss, wie es weitergeht?«

Ich musste es neidlos anerkennen: Die Idee war genial. Wenn damit ganze Fernsehsender ihr Geld verdienten, warum nicht auch wir?

In diesem Jahr sollte Marius seinen Geburtstag nicht großartig feiern.

»Aber ein paar Leute zum Videogucken kann ich doch einladen?«, hatte er mit harmloser Miene gefragt. Und das hatten unsere Eltern erlaubt.

Am Sonntag nach dem Mittagessen fuhren sie zu unseren Großeltern. Clemens nahmen sie mit. Marius und ich waren heilfroh, dass uns die ätzend lange Fahrt mit der Straßenbahn erspart blieb.

Sobald sie weg waren, begann Marius im Wohnzimmer vor dem Fernseher Stühle aufzustellen, wie im Kino.

»Wie viele Leute kommen denn?«, wollte ich wissen.

»Dreiundzwanzig«, antwortete mein Bruder. »Pro Kopf fünf Mark Eintritt.« Er grinste mich an. »Na, ist das nichts?«

Er holte jede Menge Popcorn und Cola aus seinem Zimmer. »Als Geschäftsmann muss man schon mal ein bisschen investieren«, informierte er mich. Der Angeber.

Es dauerte eine Weile, bis alle da waren. Dann schmiss Marius zum Aufheizen erst einmal die alten Kassetten nacheinander in den Videorekorder.

Es war ein durchschlagender Erfolg. Das Publikum ging richtig mit, wobei die Mädchen bei Tante Heras Hochzeit ein paar Tränen verdrückten und erst beim Bademeister mit dem Liegestuhl die Taschentücher wieder weglegten. Für die Sache mit der Sprühsahne hatten ein paar eingefleischte Fans ebenfalls Sprühsahneflaschen mitgebracht und bemühten sich nun die Atmosphäre vom Bildschirm zu uns ins Wohnzimmer zu holen. Richtig Stimmung kam bei der Szene auf, als unser Vater in seiner Glanzrolle als Brandstifter auf dem Bildschirm erschien. »Lalü-Lala«, machte das Publikum im Chor die Sirene eines Feuerwehrwagens nach. Damit war das Aufwärmprogramm zu Ende.

Marius stellte sich vor das Publikum. »Jetzt, Leute, kommt die absolute Delikatesse des Tages«, rief er in den Zuschauerraum. »Der absolute Superfilm, brandneu

und erstmalig auf diesem Bildschirm.« Er schaltete die Deckenbeleuchtung aus und ließ das Band ablaufen.

Man sah unsere Straße, etwa von der Höhe unserer Garageneinfahrt bis zur Ecke. Von der Hauptstraße bog ein großer, dunkelblauer Wagen ein und kam langsam näher.

»Das ist Kurts neuer Wagen«, hörte man meine Mutter sprechen, die die Videokamera bediente. »Er hat ihn gerade beim Autohändler abgeholt und die ganze Familie ist sehr aufgeregt. Gleich werden wir alle zusammen eine kleine Probefahrt unternehmen.«

O nein! Das hätte Marius nicht tun dürfen! Ich wusste gleich, um welches Band es sich handelte: das Video von Papas schrecklichster Blamage. Das Band war noch am Tag der Katastrophe in die hinterste Ecke der Video-Kiste verbannt worden.

In der Zwischenzeit fuhr Papa im Film gemächlich auf die Kamera zu. Je näher er kam, umso deutlicher erkannte man sein stolzes Grinsen durch die Windschutzscheibe hindurch.

»Das Auto hat eine Menge Extras«, säuselte Mama weiter. »Elektrische Fensterheber, Klimaanlage und eine Servolenkung. Eine richtige Luxuslimousine.«

Jetzt war Papa ganz nah, kurz vor unserer Garageneinfahrt.

In diesem Moment hielt Marius das Video an. »Preisfrage! Sie lautet: Was geschieht jetzt?«

Ich habe gar nicht genau verstanden, was das Publikum rief. Es ging einfach drunter und drüber. Popcorn flog durch die Luft und die Sahnesprühflaschen kamen auch wieder zum Einsatz.

Nur ganz leise hörte ich, wie von draußen ein Schlüssel in die Haustür gesteckt wurde.

In diesem Moment ließ Marius das Band weiterlaufen.

Man sah Papa noch immer in seinem neuen Auto grinsen. Er hupte, blinkte mit den Scheinwerfern und ließ sämtliche Scheiben hoch und runter fahren. Mit einer Hand winkte er Mama lässig zu. »Servolenkung!«, rief er hinaus. »Die kann man mit einem Finger bewegen.« Er steckte demonstrativ einen Finger durch das Lenkrad.

»Marius? Clara?« Papa und Mama betraten in diesem Moment das Wohnzimmer und sahen sich erstaunt um.

Instinktiv zog ich den Kopf ein.

Im Film bog Papa gerade mit einem Finger am Lenkrad zu unserer Garageneinfahrt ein. Und unter den Anfeuerungsrufen und dem Applaus unserer Studiogäste setzte er das neue Auto mit aller Gemütsruhe genau gegen die Wand *neben* unserer Garage ...

35

Ich weiß nicht mehr genau, wie es kam, dass unser Studiopublikum den Saal so schnell verließ. Ich weiß nur noch, dass unser Wohnzimmer ziemlich wüst aussah, als das Licht wieder anging. Und dass Mama und Papa eine ganze Weile gar nichts sagten.

Marius und ich sind noch an diesem Abend auf die Idee gekommen, dass wir von unseren Einnahmen aus dem Privatfernsehen Papa ein bisschen für die Reparatur seines Autos dazutun könnten. Wir haben ja auch etwas davon, wenn wir sonntags nicht mit der Straßenbahn zu Oma und Opa fahren müssen. Um auf den Porsche zu sparen haben wir ja noch ein paar Jahre Zeit.

Und morgen überlegen wir uns wieder eine andere Art, wie wir uns ein bisschen Geld dazuverdienen können.

Irma Krauß

Ich kenne einen Platz, wo uns niemand sieht

Es ist etwas passiert: Carmens Hund hat Gift gefressen. Niemand kann was dafür. Außer natürlich der, der den präparierten Köder im Wald ausgelegt hat, an einer Stelle, wo zwei Wege sich kreuzen und wo garantiert jeder Hund schnüffelt.

Dass es Menschen gibt, die so was tun!

Ute steht vor der Tür ihrer Schwester und traut sich nicht rein. Da drin sitzt Carmen auf dem Boden, den Hund zwischen den Beinen, und streichelt ihn und gibt ihm zu saufen und kann nicht mal heulen vor Schock.

Es ist ein kleiner Hund. Ein Rauhaardackel. Es ist die liebste Rauhaardackelhündin, die man je gesehen hat. Ute weiß es jetzt. Sie weiß es, seit der Tierarzt gesagt hat: Wenn sie die Nacht überlebt, kommt sie vielleicht durch. Und jetzt ist die Nacht schon halb vorbei und Ute steht vor der Tür im Finstern und hört das Murmeln ihrer Schwester und das Stöhnen und Würgen des Hundes.

So ein lieber Hund! Wie er einen anschauen konnte, mit schiefem Kopf und breit gestellten Ohren. Wie er rennen konnte, dass diese Ohren flogen wie zwei Segel.

Wie er der Katze vom Nachbarn nachjagte, wie er dabei alles vergessen hat, sogar, dass der Sprung von der Mauer für eine Katze gar nichts ist, einen kleinen Hund aber das Leben kosten kann. Und wie sie gesprungen ist, die kleine Yoga, hinter der Katze her, wie sie auf dem Bauch gelandet und dabei ganz und gar heil geblieben ist! Ein Wunder war's und Carmen hat den Hund hinterher im Arm gehalten und geheult vor ausgestandenem Schreck.

Jetzt heult sie nicht. Keine einzige Träne, seit es passiert ist. Seit nachmittags um vier.

Ute zittert. Sie beißt sich auf die Lippen und reibt die kalten Füße gegeneinander. Einmal, als die Tür noch angelehnt war, hat sie schüchtern versucht reinzugehen. Aber da hat die Tür von innen einen Fußtritt gekriegt.

Im Zimmer nebenan schläft Mama mit ihrem Freund. Man hört nichts. Er ist ein ganz netter Kerl, der Alexander, auch wenn Carmen ihn nicht besonders leiden kann. Aber das kommt daher, sagt Mama, dass Carmen immer noch am Papa hängt. Obwohl der doch schon so lange weg ist. Ute kann er gestohlen bleiben. Mit zehn Jahren braucht man keinen Papa, der nie da ist, sondern einen, der Monopoly mitspielt oder sonst was. Alexander tut das.

Carmen mag keine Spiele, sagt sie. Aber das ist nicht wahr. Sie hat schon zehntausend Spiele mit Ute gemacht.

38

Und was haben sie mit Yoga gespielt! Dass Yoga ein Baby ist, ein quirliges allerdings, das nie stillgehalten hat; dass Yoga eine böse Wölfin ist, die die kleinen Plüschbären verschleppt; dass Yoga eine Spürhündin ist, die einen verborgenen Schatz findet.

Und jetzt ist Yoga krank, todkrank. Und weil Yoga Carmen gehört, darf Carmen die Tür mit dem Fuß zufeuern.

Ute geht leise in ihr Zimmer zurück, ringelt sich im Bett zusammen und weint.

Yoga ist genau halb so alt wie sie, nämlich fünf Jahre.

Obwohl es also schon lange her ist, erinnert sich Ute lebhaft an den Tag, als Mama Yoga gebracht hat, eingewickelt in ein Handtuch, einen winzigen schwarzen Hund, den Carmen zum achten Geburtstag gekriegt hat und den sie am Anfang mit Milch und Haferflocken füttern musste.

Als Ute selber acht wurde, hat sie heimlich gehofft, dass Mama auch mit so was ankommen würde. Aber sie hat natürlich eingesehen, dass *ein* Hund in der Wohnung reicht. Und dann: Sie hat ja mit Yoga genauso spielen und rennen dürfen wie Carmen. Außerdem waren an ihrem achten Geburtstag alle da, die sie liebte: Mama und Carmen und Yoga. Es hat ihr also an nichts gefehlt. Bei Carmen ist das anders gewesen. Auch das weiß Ute

39

erst seit heute. Seit sie nämlich Mama und Alexander belauscht hat: Kurz vor Carmens achtem Geburtstag war Papa ausgezogen.

Komisch, dass Ute sich an *den* Tag nicht erinnert! Carmen hat Papa nie mehr sehen wollen und deshalb hat Mama mit Papa ausgemacht, dass er ganz aus ihrem Leben verschwinden soll. Angeblich ist es Papa recht gewesen. Alexander hat darauf nichts zu sagen gewusst, heute Abend. Aber er hat Carmen und Yoga, Ute und Mama in sein Auto gepackt und ist zum Tierarzt gefahren. Und hat keinen Pieps von sich gegeben, als der Hund auf den Sitz geschissen und die ganze Seitentür voll gekotzt hat.

Ute schluchzt unter der Bettdecke auf. Es muss Yoga sehr schlecht gehen. Noch nie zuvor hat sie ein Häufchen in die Wohnung oder ins Auto gesetzt, und wenn sie mal spucken musste, ist es ihr sehr peinlich gewesen. Carmen oder Ute haben das Erbrochene immer sofort weggemacht, weil Mama schon nervös genug war, wenn sie abends von der Arbeit kam.

In letzter Zeit ist es eher Ute gewesen, die sich um Yoga gekümmert hat. Weil Carmen nämlich öfter wegging. Wenn sie dann nach Hause kam, hat sie als Erstes nach Yoga gesehen. Und dann hat sie Ute angelächelt und ihr ein Spiel versprochen, mindestens eins.

Es ist nicht so, dass Ute keine Freundinnen hätte. Aber natürlich hat keine von ihnen bereits kleine spitze Brüste und kommt auch nicht von geheimnisvollen Unternehmungen zurück und riecht nicht verboten ein bisschen nach Rauch.

Ute würde brennend gern mit Carmen ausgehen. Aber eine wie sie, die noch weit davon entfernt ist, kleine spitze Brüste zu kriegen, hat in Carmens Clique nichts verloren. Clique, sagt Carmen, und schon das klingt gut und geheimnisvoll. Und außerdem: Dann wäre ja Yoga allein. Wenn Carmen zurückkommt und alles in Ordnung vorfindet, lädt sie Ute zu sich ins Zimmer ein und erzählt. Sachen, die Mama nichts angehen. Ute behält das alles wunderbar für sich und sagt nicht mal, dass Carmen weg war. Auch nicht dann, wenn sie mal zornig auf Carmen ist. Manchmal hat es sie schon auf der Zunge gejuckt. Aber wie! Und immer hat sie's schließlich doch runtergeschluckt. Weil Carmen mal zu einer Freundin gesagt hat: Meine kleine Schwester petzt nicht. Die nicht! Da kannst du Gift drauf nehmen!

Gift. Ein Stich durchfährt Ute. Wer tut so was? Wer kann für so einen lieben kleinen Hund Gift auslegen?

Der Tierarzt wusste es auch nicht. Es gibt Hundehasser, hat er gesagt und Yoga zwei Spritzen gegeben und

gesagt: Wenn sie die Nacht überlebt, kommt sie vielleicht durch. Ute reckt den Kopf aus dem Bett und schaut auf ihren Wecker. Ein Uhr. Der Sonntag ist seit einer Stunde vorbei. Noch lebt der Hund. Es ist in Wirklichkeit schon Montag und Yoga lebt noch!

Ute rechnet aus, wie lange die Nacht noch dauert.

Mindestens fünf Stunden! Und Carmen sitzt da drüben auf einer Plastikfolie, mit Lappen um sich herum, und lässt Yoga trinken und spucken.

Wie soll Ute da schlafen?

Sie knipst die Nachttischlampe an. Ihr ist schaurig kalt, als sie aus dem Bett hüpft. Sie zieht Wollsocken an und hängt sich eine Decke über den Rücken. Dann öffnet sie lautlos ihre Tür.

Bei Carmen brennt immer noch Licht. Man sieht es durchs Schlüsselloch. Und jetzt hört Ute Yoga wimmern. Es ist ein schrecklicher Laut. Aber wenigstens lebt sie noch.

Carmen murmelt und schnieft.

Ute streckt die Hand aus und zieht sie wieder zurück. Dann presst sie die Lippen zusammen und tippt mit dem Fingernagel gegen die Tür. Tick, tick.

Keine Antwort.

Tick, tick – tick, tick. Ute lauscht. Nichts.

Sie flüstert Carmens Namen. Nichts.

Sie fragt ganz leise, ob Carmen noch Wasser braucht.

Nichts. Auch das Murmeln ist verstummt.

Da haucht Ute, ob es Yoga schon besser ginge.

Etwas ploppt gegen die Tür, ein Lappen oder ein Plüschbär, Ute weiß es nicht. Sie zuckt zurück und rutscht am Türrahmen runter, hockt da und wimmert in die Decke hinein. Mit ähnlichen Lauten wie drinnen der Hund.

Sie war es, sie, Ute, die mit Yoga im Wald war, wo das Gift lag.

Ute ist vor der Tür eingeschlafen. Die Morgendämmerung kriecht in die Wohnung. Das merkt Ute, nachdem sie durch die aufgehende Tür in Carmens Zimmer gefallen ist, in dem es übel riecht. Jemand schnauft. Jemand steigt über sie drüber und verschwindet im Bad, Carmen. Da das Schnaufen anhält, weiß Ute, dass Yoga noch lebt. Und dann sieht sie im fahlen Morgenlicht das Tier auf Lappen und auf der Folie liegen.

Sie schüttelt die Decke ab und rutscht näher.

Es ist Tag geworden und Yoga lebt!

Aber wie, ist gar nicht zu sagen. Mit einem ununterbrochenen Zitterkrampf und schwerer Atemnot. Sie hebt auch nicht den Kopf, als Ute ganz nah dran ist und ihren Namen flüstert.

43

»Sie stirbt«, sagt eine raue Stimme hinter ihr.

Ute fährt herum.

Carmen geht an ihr vorbei und legt sich wieder zu Yoga auf den Boden. Sie streichelt ihr über den samtigen Kopf, immer und immer und immer wieder.

»Aber es ist doch Morgen!«, flüstert Ute.

Carmen sagt nichts dazu.

Da springt Ute auf und rennt in Mamas Zimmer. Sie schüttelt die zwei Schlafenden.

»Wir müssen mit Yoga zum Tierarzt, sonst stirbt sie!«

Mama und Alexander setzen sich auf.

»Wie spät ist es?«, fragt Mama, als käme sie von ganz weit her.

»Ist doch egal!« Ute hopst vor Ungeduld.

Alexander streckt einen Fuß heraus. »Sie lebt also noch. Der Tierarzt hat doch gesagt ...«

»Aber jetzt stirbt sie, sagt Carmen!«

»Der Tierarzt kann doch nicht mehr machen, als er schon getan hat«, murmelt Mama. »War Carmen die ganze Nacht auf?«

»Sicher!«

»Es gäbe noch die Tierklinik ...«, meint Alexander.

»Tierklinik? Warum hast du das denn nicht gleich gesagt?«, schreit Ute und läuft zu Carmen hinüber. »Car-

44

men, es gibt eine Tierklinik und Alexander fährt uns hin!«

Carmen streichelt immer noch Yogas Kopf.

Ute muss das Körbchen auspolstern, damit alles bereit ist, wenn Alexander telefoniert hat und angezogen ist.

Mama bleibt in der Wohnung zurück und macht Frühstück.

Carmen sitzt hinten im Auto, das Körbchen neben sich. Ute kniet auf dem Beifahrersitz, verkehrt herum angegurtet, darauf wenigstens hat Alexander bestanden.

Yoga hat zu zittern aufgehört, ihre sonst so blanken Augen blicken stumpf.

Ute möchte fragen: Hat sie Schmerzen? Warum schläft sie nicht, warum macht sie denn niemals die Augen zu? Aber sie traut sich nicht. Sie schaut so nach hinten, dass sie nur den Hund sieht. Und Carmens streichelnde Hand.

In der Tierklinik wird Yoga auf einen nackten Tisch gelegt. Eine Ärztin nimmt ihr Blut ab und Yoga lässt alles mit sich geschehen. Sie kriegt Fieber gemessen und wird an einen Tropf gehängt, wie in einem Krankenhaus für Menschen. In ihre trockenen Augen kommt eine Salbe.

Ute und Carmen und Alexander stehen um den Tisch herum und antworten, wenn die Ärztin was fragt. Sonst

sind sie stumm. Am Tischrand ist Utes Hand nah an Carmens Hand, aber es passt noch was dazwischen.

Carmen schaut abwechselnd zu Yoga nieder und zur Ärztin auf, und wenn Ute sie von der Seite beobachtet, presst sie die Lippen zusammen.

Die Ärztin weiß nicht, ob Yoga es schafft. Sie hat ihr Atropin fürs Herz gegeben, mehr kann sie auch nicht tun. Und die Infusion natürlich, da ist Aufbaunahrung drin. Alexander hinterlässt die Telefonnummer und bezahlt im Voraus.

Carmen wendet sich ab, als sie das sieht.

Sie schauen noch einmal zu Yoga hin. Sie liegt auf der Seite und trotz Salbe glänzen ihre Augen nicht mehr.

Ute hat sich gemerkt, in welchem Stadtteil die Tierklinik ist. Sie fährt gleich nach der Schule mit der Straßenbahn hin, obwohl sie versprochen hat heimzugehen und am Telefon zu warten. Aber sie hasst das Telefon, seit sie die ganze Pause lang vom Häuschen aus probiert hat die Tierklinik zu erreichen: Immer war die Leitung besetzt.

Carmen hat Nachmittagsunterricht, Mama ist in der Arbeit, Alexander ist in der Arbeit.

Hier war Ute noch nie. Sie muss Leute fragen, wo es zur Tierklinik geht. Ihre Füße tun weh. Und in der Brust

liegt ein dicker Stein. Fast gehorcht ihr die Stimme nicht. Alle Leute kriegen den mitleidigen Blick, wenn sie antworten.

Dann hat sie es geschafft, sie ist da. Die Eingangstür gibt nicht nach. Aber Ute weiß ja, dass Alexander am Morgen auch durch den Hof zur Hintertür ging. Sie läuft um das Gebäude herum. Eine Rampe führt zur Tür hinauf und auf der Rampe sitzt jemand, Carmen.

Ute schreit beinahe auf. Der Kies spritzt, als sie losrennt.

Carmen dreht nicht mal den Kopf, sie schaut irgendwohin. Als Ute bei ihr ankommt, guckt sie durch sie hindurch.

»Warum gehst du nicht hinein?«, keucht Ute.

»Ich war drin«, sagt Carmen.

»Und? Sag doch, wie geht's Yoga?«

»Sie ist gestorben«, sagt Carmen.

Ute glaubt es nicht. »Du lügst«, schreit sie. »Bei so was lügt man nicht!«

Carmen schaut jetzt für eine Sekunde richtig her und Ute wird es eiskalt. Carmen lügt nicht. Und irgendwie scheint die Rampe, so breit sie ist, für zwei Leute zu klein zu sein. Ute kauert sich in den Kies.

Nach langer Zeit fragt sie: »Hast du sie gesehen?«

47

»Nein«, sagt Carmen. »Jetzt nicht, es ist Mittags-pause.«

Da schöpft Ute Hoffnung. »Es kann eine Verwechs-lung sein!«

Carmens Lippen zittern. »So ein Wunder gibt's nicht.«

»Doch, bei Yoga schon! Sie ist von der Mauer geflo-gen, weißt du nicht mehr?«

Carmen antwortet nicht.

Als jemand vom Personal den Hof überquert, gehen sie beide mit hinein. An der Rezeption werden sie auf-gehalten. Die Ärztin kommt und bestätigt, was Carmen bereits erfahren hat. Es tut ihr sehr Leid, sagt sie.

Carmen will nichts hören, sie will nur Yoga mitneh-men. Die Ärztin versteht das. Aber es gebe einen be-stimmten Ort für tote Tiere und da müsse auch Yoga hin, das sei nun einmal Gesetz.

Carmen, die einen Kopf größer ist als Ute, schaut verzweifelt von hier nach dort und schließlich, als von nirgendwo Hilfe kommt, zur kleinen Schwester.

Da stößt Ute hervor: »Aber unser Papa, der weiß auch, wo das ist, der hat gesagt, wir sollen Yoga bringen!«

»Wo ist denn euer Vater?«, wendet sich die Ärztin an Carmen.

Die guckt nur noch verstörter drein als vorher.

Ute bleibt gar nichts anderes übrig als für sie zu ant-

worten: »Er fährt um den Block, weil er wieder mal keinen Parkplatz gekriegt hat!« Das passiert alle Tage in der Stadt und ist keine besonders dicke Lüge. Nur, dass Ute und Carmen eigentlich gar keinen Papa haben. Aber was geht das die Ärztin an.

Die dreht sich jetzt um und sagt über die Schulter: »Wartet bitte hier.«

Wenig später kommt eine Helferin mit einem Karton. Er ist ringsherum mit einem breiten Leukoplaststreifen zugeklebt. Wie ein Paket.

Carmen nimmt das Paket auf die Arme und Ute öffnet ihr die Türen. Sie gehen zur Straßenbahnhaltestelle. Carmen schaut geradeaus und redet nicht. Ute muss weinen, ob sie den Karton ansieht oder ihre Schwester. Und sonst kann sie nirgendwo hinschauen. Es ist übrigens gut, dass es zu regnen angefangen hat. Ein ganzer Himmel voller Tränen. In der Straßenbahn weiß niemand, was im Karton ist, nur sie beide wissen es.

Zu Hause stellt Carmen den Korb ans Kopfende ihres Bettes, wo sonst immer der Hundekorb stand. Die Plastikfolie und den Eimer und die Lappen muss Mama entfernt haben, das leere Körbchen steht in der Ecke. Carmen legt sich aufs Bett und lässt den Arm runterhängen zum Karton. Sie hat anscheinend nichts dagegen, dass Ute im Zimmer bleibt und sich auf dem Tep-

49

pich ausstreckt und den Karton von der anderen Seite berührt.

Der Regen pocht leise und gleichmäßig aufs Vordach.

»Schläfst du?«, flüstert Ute.

»Nein.«

»Klopft dein Herz auch so laut?«

»Drum kann ich ja nicht schlafen«, sagt Carmen.

»Wir müssen was tun . . .«

»Ja. Wir müssen sie begraben.«

»Man darf es nicht . . .«

»Ich weiß«, sagt Carmen. »Ich kenne einen Platz, wo uns niemand sieht und wo der Boden weich ist. Haben wir den alten Spaten noch aus Papas Zeit?«

Ute geht nachsehen. Das Ding ist angerostet, aber sonst noch gut.

Zehn Minuten müssen sie bis zum Stadtrand laufen. Noch gestern ist Yoga hier neben Ute gerannt, jetzt liegt sie im Karton. Wirklich gut, dass es regnet! Sonst glaubt Carmen noch, Ute sei eine ganz dämliche Heulsuse, wo sie selbst so beherrscht ist!

Der Platz, an den Carmen gedacht hat, liegt hinter den Schrebergärten. Sie stellt den Karton ab und beginnt zu graben. »Es muss sehr tief werden«, sagt sie, »sonst scharrt irgendein Tier Yoga aus!«

Sie wechseln sich ab. Als ihnen die Grube richtig

scheint, legen sie sie mit Moos und Gras aus. Dann öffnet Carmen den Karton. Sie kippt ihn behutsam, so dass Yoga sanft herausgleitet, auf das Badehandtuch, mit dem man sie immer abgetrocknet hat.

Yoga sieht gar nicht schlimm aus, nur sehr tot. Wirklich tot. Und kalt ist sie. Wo sie sonst immer so warm war.

Carmen schlägt langsam das Tuch über sie und Ute schluchzt auf. Gemeinsam betten sie Yoga in die Grube und bedecken sie mit feiner, weicher Erde. Ein Rest bleibt übrig, den verstreuen sie.

Es ist schon dunkel, als sie zurückgehen. So sieht niemand, wie nass und schmutzig sie sind. Und auch nicht, dass sie gemeinsam einen Spaten tragen. Utes Hand liegt ganz dicht an Carmens Hand. Die fühlt sich warm und erdig an.

Eckhard Mieder

Willi, Unku, das Fernsehen und ich

Ich brauchte eine Stunde um Willi zu beruhigen.

Sonja ist keine fünf Minuten nach den Fernsehfuzzis verschwunden. Ich glaube, sie hat sich mit dem Tontechniker verabredet. Bertolt hat sich unters Dach und in sein *philosophisches Schweigen* zurückgezogen. Rosie hat zum Glück von dem ganzen Theater nichts mitgekriegt und Didi ist gar nicht erst nach Hause gekommen. Würde mich nicht wundern, wenn er in irgendeinem Baum gesessen und alles beobachtet und sich beeimert hat. Manchmal denke ich, er gehört gar nicht zur Familie. So schadenfroh, wie der sein kann!

»Williwilliwilli«. Ich habe ihn in meine Arme genommen und geschaukelt und gesummt: »Williwilliwilli! Sie sind weg! Sie kommen nicht wieder! Sie haben der Rotbauchunke nichts getan! Sie können uns nichts tun!«

Aus Willis Mundwinkeln lief der Speichel. Er zitterte und lallte immerzu: »Unku. Unku. Unku.«

Ich kraulte ihm die Stirn und wischte den Schweiß aus dem Nacken. Und ich sagte ihm, dass *Unku* ganz bestimmt nichts passiert war. Aber sicher war ich mir nicht.

Schließlich machte Willi die Augen zu. In den nächsten zwei Stunden würde er schlafen.

Ich bin raus auf den Hof und hab den Kaninchen Löwenzahn gegeben. Ich hab übern Zaun ins *Einsiedlergebiet* geguckt, ob ich vielleicht *Unku* sehen würde. Und immerzu hab ich gedacht: Frank, du bist ein Arsch mit Ohren! Du hast selber Schuld an dem Schlamassel!

»Scheiße!«, hab ich gerufen. »Scheißescheißescheiße!« Und hab gegen den Schuppen getreten, bis mein rechter Fuß taub war. Erst tat es höllisch weh, dann nicht mehr. *Alles wegen dieser Fernsehidioten!*

Vor einer Woche klingelte das Telefon. Jemand fragte, ob er mit der Familie Matthus spräche.

»Im Prinzip ja«, antwortete ich.

»Wie bitte?«, fragte er.

»IM PRINZIP SCHON!«, wiederholte ich. Ich bin Frank Matthus, aber nicht die *Familie* Matthus.

»Was ist mit dir?«, fragte die Stimme.

»Und wer sind Sie?«, fragte ich.

Ich hätte ihm erzählen können, dass ich gerade vom Zahnarzt zurück war. Er hatte meine Spange rausgenommen und ich hatte das Gefühl, mein Mund würde für immer und ewig offen stehen müssen. Warum sollte ich das einem Wildfremden auf die Nase binden?

Er entschuldigte sich und stellte sich als *Deutsches Fernsehen, Abteilung Feature, Dr. Hagendonk* vor. Und er sagte, dass er einen Film plane. Über kinderreiche Familien. Er habe erfahren, dass wir sechs Kinder seien. Eines davon *behindert*. Und die Eltern seien arbeitslos. Es sei doch *bravourös,* wie wir unser Schicksal meisterten. Es sei *aller Ehren wert und berichtenswürdig.*

»Es gibt kein behindertes Kind«, sagte ich. »Falls Sie Willi meinen – der hat ein Problem mit der Umwelt. Aber das habe ich schließlich auch. Sie nicht?«

Der Typ lachte. »Gut«, schnaufte er ins Telefon, »sehr gut! Aufgeweckter Bursche bist du!«

Zu meiner Verwunderung wusste er von Willis Krankheit, von der Arbeitslosigkeit der Eltern, von meiner Zahnspange und sogar, dass meine Schwester Sonja 32 Bewerbungen für eine Ausbildung als Krankenschwester geschrieben und Bertolt schon ein paar Gedichte veröffentlicht hatte.

Das klärte sich. Er hätte schon mit meinem Vater gesprochen und wollte *eigentlich* nur wissen, ob es beim 12. März bliebe. Sie würden dann kommen und die ersten Aufnahmen machen.

Eigentlich ist ein Wort ... wie schmutzige Socken ... wie Fliege auf Marmelade ... Ziemlich eklig. Ziemlich wacklig ...

»Wenn Sie das so abgemacht haben mit meinem Vater«, versuchte ich die Lage im Griff zu haben, »dann sehen wir uns am 12. März!«

»Du bist deine Zahnspange heute losgeworden, was?«, fragte er gut gelaunt.

»Korrekt!«, sagte ich verblüfft.

»Und du hast das Gefühl, du kriegst deinen Mund nie mehr zu?«

»Na ja«, sagte ich.

»Das geht vorüber«, tröstete er mich, »es geht alles vorüber, es geht alles vorbei. Tschüss, Frank!«

Beim Abendessen fragte ich: »Das Fernsehen hat angerufen. Die wollen einen Film über uns machen. Warum weiß von uns Kindern keiner was davon?«

Stille. Vater knickte überm Teller zusammen und sah niemanden an. Mutter schaute erst mich an, runzelte die Stirn, sah dann ihren Gatten an.

»Na ja«, kaute er auf seiner Salamistulle, »die haben mich gefragt und Geld gibt's auch. Und das brauchen wir schließlich …«

»Wie bitte?«, fragte meine Mutter. Ihre Stimme kann wie ein warmes Messer durch Butter gehen.

Ich legte noch eine Kohle nach: »Es ist nicht fair, Paps! *Ich* musste mit dem Fernsehen reden. Obwohl ich keine

Zahnspange mehr trug und mir sehr nackt vorkam. Und das Schlimmste war: Ich wusste von nix! Das ist eine sehr schlechte Ausgangslage für ein geschäftliches Gespräch.«

»Übertreib mal nicht, Hosenscheißer!«, hörte ich Bertolt sagen.

»Wie bitte?«, fragte Mutter noch mal. Und dann war Vater dran.

Er erzählte, dass er diesem Hagendonk auf dem Arbeitsamt begegnet sei. Netter Kerl. Sehr einfühlsam. Er suchte nach Eltern mit vielen Kindern. Er wüsste sehr wohl, dass das Fernsehen nicht gerade einen guten Ruf hätte. Zu reißerisch und so. Ihm, Hagendonk, liege ein *ehrlicher Film am Herzen.*

»Mich hat er überzeugt«, nuschelte Vater in seine Teetasse und guckte niemanden von uns an.

»Wie haben wir uns das vorzustellen, Großer Gatte und Vater?«, fragte meine Mutter. Ihre Stimme kann auch wie zerschmolzene Schokolade, die nach Rattengift schmeckt, sein.

Willi schlug mit dem Löffel im Takt die Käsescheibe auf seiner Stulle noch platter. Er strahlte über sein Mondgesicht und ich hatte ihn mal wieder sehr, sehr lieb. Manchmal vergesse ich es nämlich, ihn lieb zu haben.

Sonja hatte was von Fernsehen mitgekriegt.

»Kommen die?«, wollte sie wissen. »Mit 'ner Kamera? Ich hab euch noch gar nicht gesagt, dass ich einen Jungen getroffen habe, der geht nächste Woche zum, zum … Scheiße, hab's vergessen!«

»Casting?«, half Bertolt. Er ist ein ungeselliger, überheblicher Typ. Aber er hat eine Gabe, Sätze, die andere nicht vollenden können, zu Ende zu sprechen.

Sonja nickte heftig: »Für 'ne Serie. *Gute Räume, schlechte Räume* heißt die! Er hat gesagt, ich soll mitkommen …«

»Deine Beine sind ganz okay«, meldete sich Didi, »aber ansonsten!« Didi kann stundenlang mit uns im Zimmer sein und wir bemerken ihn nicht und dann kommt er mit einer ätzenden Bemerkung!

Ich will es kurz machen. Wir einigten uns darauf, das Fernsehen reinzulassen.

Vater musste dafür versprechen endlich die Tür des Schuppens einzuhängen und den Hof aufzuräumen. Sonja wurde dazu verdonnert, lange Hosen zu tragen und nicht diese Röcke, die kürzer als abgebrannte Streichhölzer waren. Bertolt erklärte feierlich seinen Verzicht. Er wolle nicht ins Fernsehen. Wenn *wir* wollten, könnten wir ja den *Fuzzis* sagen, dass er an einem Poem mit dem Titel *Im Schatten des Schuppens*

rühre ich Chutney an arbeite und nicht gestört werden möchte.

»Bleib bitte noch einen Moment!«, sagte meine Mutter zu mir.

Die anderen waren aufgestanden und hatten die Küche verlassen. Am glücklichsten war mein Vater. Er stürzte gleich auf den Hof und fing an wie wild Bretter zu stapeln und Blechdosen hin- und herzuschieben und Unkraut zu zupfen. Nur Willi saß noch da. Und ich.

»Ich hätte dem Arsch sagen sollen«, sagte ich, »dass er uns mal kann!«

Meine Mutter lächelte. Sie nahm einen Lappen und wischte Willi den Brei aus den Mundwinkeln und vom Hals. Ich goss sein Glas mit Milch voll. Und Willi sagte: »Unku. Unku. Unku.«

»Schon gut«, sagte ich. Ich war verunsichert. Mutter setzte sich neben mich und nahm meine Hände in ihre Hände. Ich war sehr verunsichert.

»Ich bin nicht grad froh darüber, dass die kommen«, sprach sie los, »aber na gut. Wenn die 'ne Familie mit vielen Kindern haben wollen, dann sollen die eine Familie mit vielen Kindern kriegen. Aber«, machte sie eine Pause. »Ich will nicht, dass Willi aufgeregt wird. Willi nicht und nicht die Unken. Du weißt, warum ich das zu dir sage.«

Sie strich mir über den Kopf, Willi knurrte eifersüch-

tig und irgendwie auch eitel. Ich glaube, dass er viel mehr Spaß mit uns treibt, als die meisten ahnen.

Meine Mutter bat mich in der Küche zu bleiben, weil sie weiß, dass ich der einzige Normale in der Familie bin. Ist natürlich Quatsch. Bei uns ist niemand *normal.*

Mit *normal* meine ich, dass ich mich, weiß nicht warum, für die anderen verantwortlich fühle. Besonders für Willi. Das war schon immer so. Ich muss immerzu über die anderen nachdenken und verstehen, warum sie reden, wie sie reden, und warum sie tun, was sie tun.

Und ich muss auf Willi aufpassen, wie ich auch auf die Rotbauchunken aufpasse.

Ich nickte. Geht klar.

Gegen vier Uhr morgens wurde ich wach. Ich stand auf, deckte Willi zu und setzte mich an den Tisch am Fenster. Von hier aus kann ich über die Gärten bis an den Rand der Stadt gucken. Wo die elfgeschossigen Neubauten stehen.

Ich kann ins *Einsiedlergebiet* schauen, das vom Schein einer Laterne in gelbes Licht getunkt ist. Schwarz und fransig liegt der Teich, der viele Jahre lang als Müllhalde genutzt wurde. Eigenartigerweise hat sich darin Leben entwickelt, das sogar unter Naturschutz steht.

Eines Tages kamen ein Professor und eine Untersu-

chungsmannschaft. Die haben uns nach unseren *Lebens-gewohnheiten* gefragt, als wollten sie die Familie Matthus unter Naturschutz stellen. Dann haben sie den Tümpel untersucht. Wochenlang.

Der Professor hat anschließend eine Versammlung organisiert, auf der er die Untersuchungsergebnisse erläuterte.

Unter anderem hätten wir entzückende Nachbarinnen, die *Bombina bombina* heißen. Eine Unkenart. *Rotbauchunken* können bis zu 20 Jahre alt werden und haben auf ihrer Unterseite zinnoberrote Flecken und weiße Punkte auf schwarzem Grund. Sie leben im Wasser und sind *naturgeschützt*. Eben darum ging es dem Professor und seinen Leuten: dass auf keinen Fall Häuser in dieses Gebiet gebaut werden. Wie es eine Versicherungsgesellschaft vorhatte!

Ich zuckte zusammen, weil Willi plötzlich schnaufte und um sich schlug. Das macht er manchmal. Die Ärzte sagen, dass er mit *Dämonen* kämpft, die wir niemals kennen lernen werden. Was Unfug ist! Ich lebe mit Willi auf einem Zimmer, seitdem er geboren ist. Ich weiß, dass er um sich schlägt und schnauft, weil er zu viel und zu schwer gegessen hat. Oder er hat vergessen aufs Klo zu gehen. Kann sein, dass auch ein paar *Dämonen* dabei sind. Aber über die würde Willi lachen.

Jedenfalls saßen wir, acht Leute vom Stamme der Matthus, in der Versammlung und grinsten uns was.

Diese Rotbauchunken kannten wir. Die nervten mit ihrem Gequake und außerdem gab es eine, die gehörte zur Familie. Willi hatte sie eines Tages angeschleppt. Er schmuste mit ihr und sie ließ sich das seltsamerweise gefallen. Ich glaube nicht, dass Frösche sehr intelligent sind. Unsere *Bombina bombina* ist vielleicht eine Ausnahme.

Unku hat Willi sie genannt. Bis dahin hat er nie ein Wort gesprochen. *Unku* kann er sagen und mit *Unku* kann er alles sagen, wofür andere lange, unverständliche Sätze brauchen. Wie Bertolt, der es liebt, in *Bildern* zu reden, die kein Frosch versteht.

Unku lebt seit fünf Jahren bei uns, bewegt sich frei im Haus, im Garten und im Hof und ich bin mir sicher, dass Willi mit ihr die wichtigsten Angelegenheiten seines Lebens bespricht.

Licht? Sonja! Sie stieg barfuß aus einem Opel, warf Kusshändchen und gab sich Mühe, nicht laut zu kichern. *Jeder Popel fährt 'n Opel*, musste ich denken.

Willi stöhnte. Sein rundes Gesicht strahlte Wärme ab. Das fand ich schon immer komisch und rührend. Wenn in unserem Zimmer mal die Heizung ausfallen sollte – wir hätten es noch im tiefsten Winter warm.

61

Manchmal wundere ich mich, wie die Zeit hinflutscht. Eben erst hat der Typ vom Fernsehen angerufen, da ist die Woche schon rum.

Dr. Hagendonk und seine Leute ritten mit einem Volvo-Kombi ein. Die Fernsehmenschen sind durch das Haus und den Garten getrampelt wie eine Herde Elefanten. Es war schon klar, dass sie ihre Geräte einsetzen mussten. Scheinwerfer und Kamera, Kabel verlegen, und was sie sonst noch brauchen. Bestimmt waren sie sogar rücksichtsvoll und zurückhaltend.

Ich merkte als Erster, dass Unku verschwunden war.

Sie hatten noch ein paar Kannen Kaffee getrunken und zwei Marmorkuchen verputzt, ehe sie sich davonmachten. *Mit Bildern und Sätzen im Gepäck.* Sie würden, erklärte der Fernsehredakteur, nicht alles verwenden können. Das sei im Fernsehen so. Aber wir sollten uns nicht sorgen. Er würde *verantwortungsvoll und einfühlsam* mit unseren Aussagen umgehen. Auf den Film bin ich sowieso gespannt!

Außer Willi und mir standen alle am Zaun und winkten dem *Deutschen Fernsehen, Abteilung Feature* hinterher.

Wo war Unku? Ich sah, wie Willi schnüffelte und hinterm Schuppen verschwand.

Vater schlug vor spazieren zu gehen. Er hatte sich

Rosie auf den Rücken geschnallt. Die krähte und trommelte vor Vergnügen auf seinem Hinterkopf. Rosie ist neun Monate alt und es sieht ganz so aus, als sei sie ein Musterexemplar der Gattung Matthus. Pfiffig. Bestimmt nicht auf den Kopf gefallen.

»Willst du nicht mitkommen?«, fragte Mutter mich.

Ich schüttelte den Kopf.

»Ich verstehe nicht«, hakte Vater nach, »warum du dir nach dieser Anstrengung nicht ein bisschen die Beine vertreten willst.«

»Ich muss Unku suchen«, sagte ich.

»Ist der Frosch noch nicht wieder aufgetaucht?« Er zog ein schmerzverzerrtes Gesicht. Rosie hatte sich in sein Haar gekrallt. Vielleicht wird sie mal Jockey.

»Unku ist kein Frosch!«, erwiderte ich.

Und sie zogen ab und ich rannte Willi nach. Er stand bis zu den Waden im Teich und sein Kopf ging ruckartig hin und her.

»Unku, Unku, Unku!«, rief er und schlenkerte mit den Armen wie ein durchgedrehter Dirigent.

»Ist gut, Willi, ist gut, Willi!« Ich hakte ihn unter und brachte ihn ins Haus.

Als ich beinahe den Schuppen zusammengetreten hatte, ließ ich ab und ging zum Tümpel.

Der Professor hatte durchgesetzt, dass alle fünf Meter

ein Schild aufgestellt worden war. Auf jedem steht, dass es sich hier um ein *Naturschutzgebiet* handele, in dem dreizehn Arten vom Aussterben bedrohter Tiere in einem *bewahrenswerten Biotop* lebten. *Wer das Tier nicht schützt, liebt die Menschen nicht,* hatte der Professor als letzten Satz draufschreiben lassen.

Ich fand Unku. Sie lag in einem verrosteten Kochtopf, der fast voll mit fauliger Holzwolle war. Es sah aus, als wäre ihr linkes Sprungbein verdreht. Ich nahm sie hoch und blies ihr meinen Atem ins Gesicht. Sie pumpte nach Luft, dass sie beinahe platzte.

Ich hoffe, dass sie überlebt.

Anne Maar

»So süß!«

Kati versteht sich mit ihrem großen Bruder Luka eigentlich ganz gut. Er ist zwar drei Jahre älter als sie, aber er ist immer fair zu ihr und ärgert sie nicht unnötig. Manchmal streiten sie sich natürlich auch und schreien sich an, aber meistens versöhnen sie sich auch schnell wieder. Kati findet, dass ihr Bruder ganz normal aussieht. Er hat braune Augen, eine nicht allzu große Nase, keine Abstehohren und braune Haare, die meistens sogar gewaschen sind. Na ja, er sieht schon ganz gut aus, immerhin sehen sich Kati und Luka auch ein bisschen ähnlich. Aber deshalb gleich einen Fanclub ins Leben zu rufen, findet Kati dann doch übertrieben. Aber genau das ist Katis beste Freundin Rosetta: ein Luka-Fanclub. Lange ist sie das noch nicht. Zuerst schwärmte sie nämlich für die Kelly-Family: »Die sind so süß!«, dann für Brian von den Backstreet Boys: »Der ist ja so süüß!«, und jetzt plötzlich für Katis Bruder Luka: »Der ist echt so süüüß!«

Kati geht das ziemlich auf die Nerven. Sie kann nicht verstehen, wie man so in einen Jungen vernarrt sein kann. Und seitdem Rosetta ihren Bruder toll findet, kann

Kati kaum noch etwas mit ihr anfangen. Kati darf Rosetta nicht mehr besuchen. Immer heißt es: »Nein, ich komm heut zu dir!« Und wenn Rosetta am Nachmittag vor der Tür steht, ist ihre erste Frage: »Ist dein Bruder auch da?« Meistens ist er da, leider, denn das hat Folgen: Rosetta hat keine Lust mehr, etwas zu unternehmen, sondern will die ganze Zeit in Katis Zimmer hocken. Kati findet das schrecklich. Sie hat versucht Rosetta für jemand anderen zu begeistern, für Christoph aus der Parallelklasse zum Beispiel, den findet Kati nett, aber Rosetta meint, der sei kindisch, und schwärmt weiterhin für Katis großen Bruder.

Kati muss etwas tun. Sie will endlich wieder etwas zusammen mit ihrer Freundin unternehmen und über andere Dinge reden als über die Schuhgröße ihres Bruders. Sie hat auch schon eine Idee. Bevor am Nachmittag Rosetta kommt, muss Kati unbedingt mit Luka sprechen. Ungeduldig wartet sie, bis Luka endlich von der Schule nach Hause kommt. Als er dann endlich da ist und sein aufgewärmtes Mittagessen vor sich stehen hat, setzt sich Kati zu ihm. Luka blättert während des Essens in einer Computerzeitschrift. Kati schaut ihm einen Moment zu, weil sie nicht weiß, wie sie anfangen soll.

»Du guckst so gierig, hast du noch Hunger?«, fragt Luka.

Kati schüttelt den Kopf. »Nee, ich will mit dir reden.«

»Gibt's Ärger in der Schule?« Luka schaut nicht einmal von seiner Zeitschrift auf.

»Nee«, sagt Kati. »Es gibt Ärger mit Rosetta.«

Jetzt guckt er sie an. »Ich glaub nicht, dass ich der richtige Berater für Weiberkräche bin.«

Kati ärgert sich. Manchmal ist ihr großer Bruder ein bisschen überheblich. Aber sie bleibt ruhig. »Doch, das glaub ich schon«, sagt sie. »Denn es geht ja auch um dich.«

»Um mich?«, fragt Luka.

Kati nickt. »Rosetta findet dich nämlich süß.«

»Was findet sie?«, fragt Luka erstaunt.

»Sie findet dich total süüüß!« Kati ahmt Rosettas Stimme nach.

»Und deshalb streitet ihr euch?«, fragt Luka.

»Wir streiten uns ja gar nicht«, versucht Kati zu erklären.

»Darüber seid ihr euch also einig«, sagt Luka. »Wo liegt dann das Problem?«

»Mann, Luka!«, sagt Kati. »Sei doch nicht so eingebildet! Das Problem liegt darin, dass ich nichts mehr mit Rosetta unternehmen kann. Sie will nur noch hier sein, damit sie dich mal im Flur vorbeihuschen sieht. Sie lässt deswegen sogar immer extra die Tür offen stehen. Und

wenn ich sie dann mal zumache, damit wir ungestört sind, dann rennt sie alle drei Minuten aufs Klo! Am schlimmsten ist es, wenn du ins Zimmer kommst, weil du irgendwas willst. Dann ist sie plötzlich stumm wie ein Fisch und starrt dich mit offenem Mund an. Fehlt nur noch, dass sie dich um ein Autogramm bittet. Das ist echt schrecklich!«

Kati regt sich so auf, dass sie fast heulen muss. Ihr Bruder guckt sie einen Moment nachdenklich an, dann fragt er: »Und, was soll ich da jetzt machen?«

»Kannst du nicht öfter mal weggehen, wenn Rosetta am Nachmittag kommt? Du kannst ja Bastian besuchen.« Bastian ist Lukas bester Freund.

»Nee, der hat doch noch nicht das neue Programm, mit dem ich jetzt immer arbeite«, sagt Luka.

»Du kannst ihn doch trotzdem besuchen«, sagt Kati. »Oder du erzählst Rosetta, dass du eine Freundin hast, oder machst ihr irgendwie anders klar, dass sie dich in Ruhe lassen soll.«

»Hm«, macht Luka und denkt nach. »Rosetta sieht eigentlich ganz gut aus, oder?«

»Das ist doch jetzt völlig egal«, sagt Kati. »Hilfst du mir?«

»Und sie findet mich richtig klasse?«

»Ja!« Kati ist genervt. »Aber du darfst dir nicht an-

merken lassen, dass du's weißt, o.k.? Sonst bringt sie mich um.«

In diesem Moment klingelt es. Kati macht auf – es ist Rosetta. »Hallo«, sagt sie.

»Hallo«, sagt Kati. Sie geht voraus, in ihr Zimmer. Als sie die Tür hinter ihnen zumacht, fragt Rosetta: »Ist Luka auch da?«

»Ich glaub, der wollte gerade weggehen«, antwortet Kati.

»Wohin denn?«, fragt Rosetta.

»Zu Bastian«, sagt Kati.

»Ach so«, sagt Rosetta enttäuscht. Missmutig setzt sie sich auf Katis Bett.

»Wir können doch auch was unternehmen«, schlägt Kati vor. »Inlineskaten oder so.«

»Keine Lust«, sagt Rosetta. »Ich muss mal aufs Klo.«

Sie geht hinaus. Kati wartet. Sie sucht in ihren Kassetten nach einem Hörspiel, das Rosetta und sie so gern haben und das sie immer mit verstellten Stimmen mitgesprochen haben – bevor Rosetta Luka-Fan wurde. Kati will die Kassette gerade in den Rekorder legen, da hört sie Luka auf dem Flur.

»Hallo Rosetta«, sagt er freundlich.

»Hallo Luka«, sagt Rosetta und Kati kann fast hören, wie sie rot wird.

»Du hast super Schuhe an«, sagt Luka. »Sind die neu?«

Kati traut ihren Ohren nicht. Rosetta nickt wohl nur, denn es ist keine Antwort zu hören. »Was macht ihr denn heute?«, fragt Luka weiter.

»Weiß nicht«, antwortet Rosetta. »Kati will vielleicht Inlineskates fahren.«

»Das ist doch 'ne gute Idee. Ich komm mit«, sagt Luka. Jetzt bleibt Kati vor Entrüstung der Mund offen stehen.

»Echt? Super!«, sagt Rosetta mit dieser hauchigen An-himmelstimme, die Kati nicht ausstehen kann. Kati rennt zur Tür. »Du wolltest doch zu Bastian gehen!«, schreit sie ihren Bruder fast an.

»Nö«, sagt Luka.

»Und du hast doch gerade gesagt, dass du keine Lust zum Skaten hast?!«, fährt sie ihre Freundin an.

»Ich hab's mir anders überlegt. Immer nur im Zimmer rumsitzen ist ja auch blöd«, sagt Rosetta.

Kati guckt ihren Bruder so böse wie nur möglich an, aber er schaut ganz unschuldig.

Zu dritt fahren sie Inlineskates. Kati ist wütend.

Eine schwarze Wolke mit mindestens drei Totenköpfen und fünf geballten Fäusten schwebt über ihrem Kopf. Ihr Bruder benimmt sich original wie in einem Bravo-Fo-toroman. Er lächelt Rosetta strahlend an, spielt sich als

70

Kavalier auf und beachtet Kati nicht. Rosetta hat vor Aufregung so rote Wangen, als ob sie ein Döschen Rouge darauf verteilt hätte. Als Luka angebermäßig vorausfährt, holt ihn Kati ein. »So habe ich das nicht gemeint!«, knurrt sie ihn an. »Hör jetzt auf mit dem Quatsch!« Aber Luka reagiert gar nicht auf sie.

Als sie wieder zu Hause sind, geht Luka in sein Zimmer und lässt sie endlich allein. Aber mit Rosetta ist nichts mehr anzufangen. Sie sitzt auf Katis Bett und käut alles wieder, was sie diesen Nachmittag erlebt haben. »Und als ich hingefallen bin und er mir aufgeholfen hat ...«, »... und wie er geguckt hat, als ich Herrn Schüller begrüßt hab ...« Kati schweigt finster vor sich hin, aber ihre Freundin merkt es gar nicht. Als Rosetta schließlich gegangen ist, stürmt Kati Lukas Zimmer.

»Du Blödmann!«, schreit sie ihren Bruder an. »Das hast du extra gemacht!«

Luka sitzt an seinem Computer. »Was denn?«, fragt er ohne sie anzusehen.

Kati rastet aus. So viel Überheblichkeit ist nicht zu ertragen. Sie stürzt sich auf Luka und packt ihn an den Schultern. »Du arrogantes Schwein, du Fiesling!«, schreit sie und rüttelt ihn.

Luka wehrt sich. »Hör auf, du blöde Kuh!«, schreit er zurück.

Da kommt ihre Mutter ins Zimmer. »He, he, was ist denn hier los?«, überschreit sie die beiden. Kati lässt Luka los, aber sie sagt nichts. Diese Geschichte will sie mit ihm allein ausmachen.

»Kati spinnt nur ein bisschen rum«, sagt Luka. Kati presst die Lippen aufeinander um ihn nicht gleich wieder anzuschreien.

»So ganz ohne Grund wird sie das wahrscheinlich nicht tun«, sagt ihre Mutter.

Sie guckt prüfend. Keiner sagt etwas.

»Na ja«, sagt ihre Mutter. »Ich hoffe, ihr könnt das jetzt etwas weniger dramatisch klären.« Sie geht wieder aus dem Zimmer.

»Ich hab dich gebeten, dass du weggehst, damit Rosetta wieder normal wird, und du machst genau das Gegenteil!«, flüstert Kati, so laut sie kann. »Wieso hast du ihr nicht gleich ein Foto von dir geschenkt?!«

»Du hast doch selbst gesagt, dass ich ihr klarmachen soll, dass sie mich in Ruhe lassen soll, aber gleichzeitig darf ich von nichts wissen. Also muss ich es ja erst selbst erleben!«, flüstert Luka zurück.

»Das ist ja total gemein!«, flüstert Kati. »Erst nett sein und sie dann fallen lassen!«

»Jetzt übertreib mal nicht so! Ich tu ihr doch nichts. Außerdem finde ich es lustig«, sagt Luka.

»Lustig? Was findest du lustig?«, fragt Kati.

»Dass sie mich so anhimmelt«, sagt Luka.

»Das findest du lustig?!« Jetzt schreit Kati wieder. »Ich kann mit meiner Freundin nichts mehr anfangen, weil sie sich wegen dir in eine unzurechnungsfähige Trottelin verwandelt, und du findest das lustig!«

Kati läuft aus dem Zimmer und schmeißt die Tür hinter sich zu, dass die Wände vibrieren.

»Kati!«, ruft ihre Mutter aus dem Wohnzimmer.

»Lass mich in Ruh«, ruft Kati zurück und schließt sich in ihrem Zimmer ein. Mit der Hilfe ihres Bruders kann sie also nicht rechnen. Im Gegenteil, aus Eitelkeit wird er sich wahrscheinlich weiter in Rosettas Bewunderung sonnen. Kati muss sich etwas anderes einfallen lassen, wenn sie ihre Freundin von ihrer albernen Schwärmerei für ihren Bruder heilen will. Sie denkt sich einen Plan aus. Am nächsten Tag, als Kati mit Rosetta in der großen Pause über den Schulhof schlendert, fragt Kati: »Was findest du eigentlich so toll an meinem Bruder?«

»Er ist einfach süüüß«, sagt Rosetta. Kati verdreht die Augen. Aber sie fragt trotzdem weiter: »Nee, jetzt mal im Ernst, was gefällt dir denn besonders an ihm?«

Rosetta überlegt. »Er hat so schöne Augen. Und sein Lächeln ist einfach umwerfend.«

»Ja, und wie ist es mit seinem Charakter?«, fragt Kati.

»Der ist gut«, beteuert Rosetta. Kati hat da seit gestern eine andere Meinung. Aber sie sagt nichts. »Weißt du, er ist nicht so kindisch«, erklärt Rosetta. »Man kann richtig mit ihm reden, er ist nicht so albern und macht nicht dauernd blöde Witze. Und er ist so höflich. Einfach anders als die anderen.«

»Aha«, sagt Kati. Sie fragt sich, wer *die anderen* sind und woher Rosetta die alle kennen mag. »Und was findest du an Jungs so richtig blöd?«

»Na ja, wenn sie eben kindisch sind«, antwortet Rosetta.

»Und was noch?«, fragt Kati.

Rosetta zuckt mit den Schultern. »Wenn sie nur über Sport reden oder über Computer oder so«, sagt sie. »Oder wenn sie so tun, als wären sie obercool, und mit Messern rumspielen und so...«

Kati nickt. Das ist alles, was sie wissen will.

Später, nach der Schule beim Mittagessen, fragt Luka: »Kommt Rosetta heute?« Er grinst. Kati hat bis jetzt noch kein Wort mit ihm gewechselt. Aber jetzt muss sie mit ihm sprechen. »Sie weiß es noch nicht«, behauptet sie. »Sie fand's gestern nicht so toll mit dir und deshalb treffen wir uns vielleicht bei ihr.«

Luka will sich zwar nichts anmerken lassen, aber Kati merkt, dass ihn ihre Andeutung wurmt.

Schließlich überwindet er sich und fragt: »So, sie fand's nicht so toll mit mir? Warum denn nicht?«

Kati tut unschuldig. »Na ja, irgendwie war sie enttäuscht von dir. Sie meinte, du wärst immer so ernst und man könnte überhaupt keinen Quatsch mit dir machen. Und du würdest nie was von deinem Computer erzählen, obwohl du da doch Fachmann bist. Ja, und außerdem wärst du immer so höflich, richtig schleimig findet sie das, und auch total uncool, dass du kein Messer hast, oder so was.«

»Das hat sie gesagt?!«, fragt Luka.

»Na ja, nicht so direkt, sie wollte mich ja nicht kränken, immerhin bist du ja mein Bruder, aber sie hat's angedeutet.«

»Ah ja«, sagt Luka und Kati sieht, wie es in seinem Kopf arbeitet. Sie ist schon sehr gespannt, was dabei herauskommen wird.

Um drei klingelt es. Kati bleibt absichtlich in ihrem Zimmer. Sie hört, wie Luka die Tür öffnet.

»Hallo«, sagt Rosetta.

»Hallo Rosetta-Lametta«, sagt Luka. »Du glitzerst ja mal wieder – bist du in einen Farbeimer gefallen?!« Er lacht ein bisschen.

»Ähm, ist Kati da?«, fragt Rosetta mit unsicherer Stimme.

»Klar, Baby«, sagt Luka.

Kati muss grinsen. Die Tür geht auf und Rosetta kommt herein. »Hallo«, sagt sie. Kati sieht, dass sie geschminkt ist. »Was hast du denn mit deinem Gesicht gemacht?«, fragt sie.

»Jetzt fängst du auch noch an«, sagt Rosetta mit Jammerstimme. »Es hat schon deinem Bruder nicht gefallen... Ich muss mich sofort abschminken.« Sie geht ins Bad. Als sie zurückkommt, legen sich die beiden Freundinnen aufs Bett um das neue ›Mädchen‹-Heft zu studieren.

Doch es dauert nicht lang, da klopft es und Luka kommt ins Zimmer. »Was macht'n ihr?«, fragt er.

Dabei spielt er lässig mit einem Schweizer Taschenmesser, klappt das Messer und den Dosenöffner heraus und klappt es wieder ein. Kati muss fast lachen.

»Wir ... wir lesen nur«, stammelt Rosetta und wird rot.

»Ach, das könnt ihr?«, sagt Luka und grinst. Die beiden Mädchen antworten nicht. Rosetta schaut verlegen auf den Boden. »Sag mal, Rosetta-Lametta, kennst du eigentlich schon mein neues Computerprogramm?«, fragt er dann. Rosetta schüttelt den Kopf. »Soll ich's dir mal zeigen?« Rosetta guckt Kati unsicher an, die zuckt mit den Schultern. »O.k.«, sagt Rosetta zu Luka.

»Komm mit«, sagt Luka. Sie gehen hinaus. Kati legt sich auf ihr Bett. Sie ist eigentlich ganz zufrieden. Luka wird Rosetta jetzt bestimmt den ganzen Computerkram erklären. Das müsste eigentlich wirken. Kati wartet. Aus Lukas Zimmer hört sie manchmal Lachen. Na ja, Luka wird bestimmt auch noch dumme Witze erzählen. Nach über einer Stunde kommt Rosetta zurück. Ihre Wangen sind wieder ganz rot, auch ohne Schminke.

»Na, wie war's?«, fragt Kati. »Hat er die ganze Zeit nur von seinem Computer erzählt?«

Rosetta setzt sich neben sie aufs Bett. »Nein, er hat auch Witze erzählt«, sagt sie mit hauchiger Anhimmelstimme, aber diesmal fällt es Kati nicht gleich auf.

»Ja? War er richtig kindisch und albern?«, fragt Kati und freut sich schon.

»Er war einfach süß«, sagt Rosetta und guckt ganz selig.

»Was?!«, fragt Kati. »Er war süß?!« Fassungslos schaut sie ihre Freundin an. Rosetta nickt.

»Aber du hast doch heute früh zu mir gesagt, dass du Jungen blöd findest, die dauernd Witze erzählen oder nur von ihrem Computer reden!«

Rosetta guckt sie an. »Ja, bei anderen ist das ja auch blöd. Aber bei deinem Bruder ist das was anderes, der ist einfach zu süß.«

»Ja, aber...«, stammelt Kati.

»Und morgen spielen wir so ein Computerspiel zusammen«, sagt Rosetta.

»Und was ist mit mir?«, fragt Kati.

»Du kannst ja mitspielen«, sagt Rosetta.

»Ich spinn doch nicht!«

»Ja, dann ... das dauert doch nicht so lang«, sagt Rosetta entschuldigend.

Kati nickt. Sie versteht die Welt nicht mehr. Ihr ist zum Heulen zu Mute. Ihr Bruder hat gewonnen, so viel ist klar.

Als Rosetta wenig später gegangen ist, kommt er in ihr Zimmer. »Na, und wie fand Rosetta mich heute?«, fragt er siegesbewusst. Kati möchte ihm am liebsten fünfzehn Bücher an den Kopf werfen. Aber sie tut es nicht. Stattdessen sagt sie nichts, sondern schiebt ihn einfach nur energisch aus ihrem Zimmer.

»He he!«, macht er, aber da schlägt sie schon die Tür hinter ihm zu. Diesmal werden sie sich nicht so schnell versöhnen, das steht für Kati fest.

Rosetta und Luka spielen am nächsten Tag wirklich ein Computerspiel. Und weil Kati keine Lust hat, die ganze Zeit alleine in ihrem Zimmer zu hocken, geht sie schließlich auch hinüber und spielt mit. Sobald Rosetta weg ist, spricht sie mit ihrem Bruder kein Wort mehr. Auch an den

nächsten beiden Tagen unternehmen sie etwas zu dritt. Es wird schon fast normal. Am Sonntag gehen sie nachmittags zusammen ins Kino. Der Film dauert über zwei Stunden. Als sie aus dem Kino herauskommen, ist Rosetta verändert. Sie wirkt fast verstört.

»War der Film nicht super?«, fragt Kati ihre Freundin. Rosetta nickt.

»Na ja«, sagt Luka.

Rosetta guckt ihn an, aber diesmal nicht mit diesem Anhimmelblick, irgendwie anders. »Ich fand ihn gigantisch«, sagt sie leise.

Luka zuckt mit den Schultern. »Gehen wir noch wohin?«, fragt er.

»Nein, ich geh heim«, sagt Rosetta. Kati ist überrascht – sonst sagt Rosetta zu allem »Ja«, was ihr Bruder vorschlägt. Rosetta lächelt Kati an. »Bis morgen«, sagt sie.

»Bis morgen«, sagt Kati.

»Tschüss«, sagt sie zu Luka und weg ist sie.

Kati muss noch den ganzen Abend an den Film denken. Jetzt kann sie ihre Freundin ein bisschen besser verstehen.

Am nächsten Tag in der Schule ist Rosetta immer noch still und zurückhaltend.

»Was hast du denn?«, fragt Kati sie in der Pause. »Du bist so komisch.«

Rosetta wird rot. »Ja«, sagt sie. »Also ...« Sie druckst herum. »Ich muss dir was sagen.«

»Was denn?«, fragt Kati. Sie kann sich wirklich nicht vorstellen, um was es geht.

»Wir waren doch gestern im Kino«, sagt Rosetta.

»Mhm«, macht Kati. »Und?«

»Ja, also...« Rosetta lacht verlegen. Dann fasst sie sich ein Herz und schaut Kati direkt an. »Ich find Leonardo DiCaprio so süüüüüß!«, sagt sie. »Weißt du, deinen Bruder find ich ja auch nett und er ist auch süß und so, aber Leonardo ist einfach süßer.« Sie schaut Kati sorgenvoll an. »Bist du mir jetzt böse?«

»Quatsch!«, sagt Kati. Sie zögert einen Moment, dann überwindet auch sie sich. »Du...«, sagt sie. »Ich find den auch süß!«

»Echt?«

Kati nickt.

Da müssen beide lachen. Und Arm in Arm schlendern sie über den Schulhof um sich noch einmal jede einzelne Szene mit Leonardo zu erzählen.

Nina Schindler

Der Zwilling

Ehepaare lassen sich scheiden.

Wenn es mit der Ehe aus und vorbei ist.

Wenn die Liebe nicht mehr da ist.

Und was machen Geschwister, wenn sie sich nicht ausstehen können?

Sie warten, bis sie erwachsen sind, und ziehen dann ganz weit weg voneinander.

Und was machen Freunde?

Die trennen sich.

Wenn es mit der Freundschaft aus ist.

Und was machen Freunde, wenn sie mal fast wie echte Zwillinge waren?

Und was machen sie, wenn es nur bei einem von beiden mit der Freundschaft aus ist?

Wie kann ein Zwilling überhaupt wieder ein Einling werden?

Ich habe Papa gefragt.

Er sagt, im Leben ist nie was festzementiert, da kann sich auch alles wieder zum Guten hin entwickeln.

Ich habe Mama gefragt.

Sie findet das Leben manchmal ziemlich gemein und freut sich, dass ihre große Tochter sich nicht unterkriegen lässt.

Ich habe meine kleine Schwester Kiki gefragt.

Kiki glaubt, dass Ken seine Barbie immer und ewig lieben wird.

Ich habe meinen kleinen Bruder Jockel gefragt.

Er machte: »Unga ih gäh gäh«, und lachte. Da musste ich auch lachen.

Obwohl meistens eine große schwarze Traurigkeit in mir drin sitzt und nach oben drückt, bis ich fast losheulen muss. Oder diese heiße böse Wut zuckt mir bis in die Fingerspitzen. Dann würde ich am liebsten Feuer speien wie ein Märchendrache.

Und alles nur wegen Nico.

Nico und ich sind fast Zwillinge. Seine Mama Thea und meine Mama haben sich nämlich an unserem Geburtstag kennen gelernt, weil wir beide am 29. Februar geboren sind, im gleichen Krankenhaus und beim gleichen Doktor und der gleichen Hebamme.

Fast Zwillinge.

An die ersten Jahre kann ich mich natürlich nicht erinnern, aber Mama und Thea erzählen manchmal davon und außerdem gibt es jede Menge Fotos.

Da liegen Nico und ich auf unserer Flickendecke und strampeln, manchmal nackig und manchmal angezogen. Auch wenn wir angezogen sind, kann man uns leicht auseinander halten: Nico hat eine Glatze und ich hab eine rote Igelfrisur.

Später kriegte Nico dann goldene Löckchen, aber die wurden ihm wieder abgeschnitten, weil ihn alle für ein Mädchen hielten. Schade. Und außerdem: wennschon! Ich kenne ihn nur mit kurzem blondem Wuschelkopf. Da konnte ich ihn immer gut dran ziehen, wenn wir uns gezankt haben.

Meine erste Erinnerung an Nico geht bis in die Krabbelgruppe. Da sitzen wir total verschmiert im Sandkasten, weil er mich mit Sandbrötchen füttert, oder wir hängen ganz oben im Klettergerüst und schmeißen die anderen mit Bauklötzen oder wir machen Autorennen mit den roten Plastik-Rutschern. Mama sagt, wir hätten in der Krabbelgruppe immer miteinander gespielt, die anderen Kinder hätten nur ab und zu mitmachen dürfen.

Auch nachmittags waren wir meistens zusammen, weil unsere Mütter Freundinnen sind und sich lieber besucht haben als mit ihren Gören allein zu Hause rumzuhängen.

Als wir in den Kindergarten kamen, kriegte Mama Kiki. Das war eine schwierige Schwangerschaft und lange

Zeit fühlte sie sich mies. Da habe ich oft bei Nico über-
nachtet, auch an den Wochentagen. Wir haben immer in
seiner Matratzenhöhle geschlafen, er links und ich rechts.
Mit hunderttausend Kuscheltieren, denn damals wollten
wir noch Tierfänger in Afrika werden. Das war auch eins
von unseren Lieblingsspielen. In der Kuschelecke im Kindergarten haben wir uns oft aus den Kissen eine Felsen-
landschaft gebaut und dann gingen wir auf Löwenjagd.
Meistens hat Nico die Fallen gebaut, und ich habe alles fo-
tografiert, wenn wir wieder einen Superfang gemacht
hatten. Einmal haben wir da den Dackel vom Hortleiter
gefangen. Der hat vielleicht gebellt! Der Dackel. Gestritten haben wir uns auch, Nico und ich, aber eher selten.

Nico hatte immer die Ruhe weg, und wenn ich mich
über ihn aufregte und auf ihn losging und ein bisschen
verkloppen wollte, dann hat er ab und zu mitgekloppt,
aber manchmal hat er gegrinst und gesagt: »Das meinst
du doch nicht im Ernst!« Und dann musste ich lachen
und wusste gar nicht mehr genau, warum ich eben noch
wütend auf ihn war.

Als wir in die Schule kamen, änderte sich daran nichts.
Auf dem Foto vom ersten Schultag stehen wir nebeneinander, jeder hält im äußeren Arm seine Schultüte und
wir halten uns an den Händen.

Als ich das Bild neulich wieder sah, musste ich furchtbar heulen. Wir hielten uns an den Händen und damals fand Nico das ganz normal!

Als wir in die Schule kamen, durften wir nur noch an den Wochenenden außer Haus schlafen. Aber weil ich auf dem Schulweg sowieso bei Nico vorbeimusste, habe ich ihn immer abgeholt. Mittags gingen wir von der Schule direkt in den Hort und von da aus zusammen entweder zu Nico oder zu mir.

»Unsere Zwillinge!«, sagten Mama und Papa oft und Nicos Papa sagte: »Unser Pärchen!«, und grinste. Das war mir ein bisschen peinlich, weil ich genau wusste, dass Nico das nicht mochte. Ich fand an ›Pärchen‹ nichts Schlimmes.

Im dritten Schuljahr waren wir nicht mehr jeden Nachmittag zusammen. Unsere Eltern hatten uns im Hort abgemeldet, weil der auf einmal doppelt so teuer war wie früher. Nico spielte Fußball bei der D-Jugend im Sportverein, aber mir machte das keinen Spaß. Stattdessen wurde ich Mitglied in der Schulgarten-AG, weil ich jetzt keine Tierfängerin mehr werden wollte, sondern Landschaftsplanerin wie Mama. Ich buddel gern in der Erde, und ich finde es immer wieder ein Wunder, wenn aus kleinen Samenkörnern große Pflanzen wachsen, Blumen oder Gemüse oder sogar richtige Bäume.

Aber in der Klasse saßen Nico und ich immer noch nebeneinander. Ich half ihm beim Rechnen, weil er sich die
Zahlen so schlecht merken konnte, und er beschützte
mich vor den Klassenrüpeln. Ole und seine Truppe wollten nämlich immer gern wen verhauen. Sie nannten mich
›Rotkopf‹ oder ›Feuerlöscher‹ wegen meinen roten Haaren und hätten gern daran gezogen. Aber sie trauten sich
wegen Nico nicht an mich ran. Manchmal versuchten sie
ihn zu ärgern und schrien auf dem Schulhof: »Weiber-
knecht!« oder »Verlobter!« oder anderen Quatsch.

Erst hat er sie angelächelt, so wie eben nur Nico
lächeln kann, aber ich habe genau gemerkt, wie es ihm
langsam zu stinken anfing. Ein paar Mal hat er sich auch
mit ihnen geprügelt.

Dann kam der Morgen, wo ich ihn wie immer abholen
wollte, und Thea machte die Tür auf und sagte: »Ach,
Feli! Nico ist schon los! Wenn du dich beeilst, holst du
ihn vielleicht noch ein.«

Ich war wie vom Donner gerührt. Er hatte nicht auf
mich gewartet.

In der Klasse saß er zwar noch neben mir, aber wenn
er jetzt was nicht kapierte, fragte er Patrick, der links neben ihm saß, oder Felix schräg hinten. Die waren auch in
seiner Fußballmannschaft. In den Pausen hat er jetzt oft
mit denen gedribbelt und Kopfball geübt, und weil ich

nicht allein dumm rumstehen wollte, hab ich mich zu Andrea und Janine und den anderen Mädchen gestellt und hab beim Gummitwist mitgemacht oder wir haben zusammen ›Bravo‹ gelesen und uns über die Kelly-Family gestritten.

Aber so toll fand ich das nicht und ich hab oft zu Nico rübergeschaut, doch der war ganz mit seinen Kumpels beschäftigt.

Manchmal haben wir uns noch nachmittags verabredet, zum Schwimmen im Stadionbad, oder wir sind zur Rollerbahn gegangen. Einmal hat es geregnet und da sind wir zum ersten Mal seit langem wieder zu ihm nach Hause gegangen. Sein Zimmer war ganz verändert. Unsere Matratzenbettecke gab es nicht mehr. An den Wänden und dort, wo früher das Regal mit den Kuscheltieren gestanden hatte, hingen Plakate von Klinsi und Oliver Bierhoff. Wir spielten dann den ganzen Nachmittag Computerspiele und haben eigentlich keinen einzigen richtigen Satz miteinander geredet. Keinen über uns.

Da wusste ich ganz genau, dass wir keine Zwillinge mehr waren. Aber wir waren wenigstens noch irgendwie Freunde.

Am Anfang des vierten Schuljahrs kriegten wir eine neue Sitzordnung: nicht mehr die langen Bankreihen,

sondern Zweiertische. Alle durften auf einen Zettel schreiben, neben wem sie gern sitzen wollten und neben wem am zweitliebsten. Natürlich hatte ich Nico hingeschrieben. Doch als Nico dran war, sagte Frau Bartel: »Leider hat Ole ja nur zwei Seiten. Da müssen wir eben deinen zweiten Wunsch erfüllen, Nico.« Und setzte ihn neben Patrick.

Ich hätte am liebsten geschrien: »Aber das geht doch nicht! Nico sitzt doch neben mir!«, doch aus meinem Mund kam nur so ein kleines Krächzen raus und Frau Bartel drehte sich zu mir um.

»Tja, Felizitas«, sagte sie und runzelte die Stirn. »Was machen wir denn nun mit dir?«

Klar, kein Mädchen hatte mich als Nachbarin aufgeschrieben, weil ich noch nie neben einer gesessen hatte. Ich sah Frau Bartel an. Da war so was wie Mitleid in ihren Augen und mir wurde ganz elend. Ich konnte gerade noch sagen, dass ich mal aufs Klo musste, und dann flitzte ich aus der Klasse, weil ich mich ausheulen musste.

Nico wollte mich nicht mehr neben sich sitzen haben.

Ich hatte Glück, weil Frau Bartel dann einfiel, dass sie lieber Vierertische zusammenstellen wollte. »Richtige Teams«, sagte sie.

Ich kam an den Vierertisch mit Nico, Patrick und

Janine. Wir waren ein gutes Team, weil wir uns beim Wochenplan halfen und alle Aufgaben immer schnell erledigten. Mittlerweile war Nico in Mathe genauso gut wie ich: Er brachte Patrick auf Zack und ich hätte jetzt Janine helfen können, aber die brauchte kein Vorsagen, die war gut in der Schule.

In den Pausen stand ich jetzt immer bei den Mädchen, obwohl ich oft langweilig fand, was sie bequatschten.

Nachmittags war ich jetzt meistens allein. Die zwei schönsten Tage in der Woche waren die, wo sich die Schulgarten-AG traf. In der Zwischenzeit hatte ich auch mit Klavierstunden angefangen, weil ich damit Papa, also eigentlich Oma Bine, eine Freude machte. Aber Klavierstunden fand ich nicht sooo toll. Außerdem las ich schrecklich viel. Mama sagte jetzt immer Bücherwürmchen zu mir. Aber sie war ganz froh, dass ich oft zu Hause war, weil wir inzwischen einen kleinen Bruder gekriegt hatten und ich mich um Kiki kümmern konnte. Ich versuchte mit Kiki die Spiele nachzuspielen, die Nico und mir immer so viel Spaß gemacht hatten, aber sie fand Tierforscher und Fotografin langweilig und wollte immer mit ihren Barbies spielen. Und wenn ich dann sagte, meine Barbie wäre von Beruf Gärtnerin, dann tippte sie sich an die Stirn, weil Barbies so was nie sein können, ihrer Meinung nach. Auch keine Schriftstellerin

und auch keine berühmte Pianistin. Deshalb hab ich meistens Ken gespielt, denn der darf alles sein.

Nach den Weihnachtsferien bekamen alle Tischgruppen eine besondere Aufgabe: Wir sollten eine Wandzeitung über irgendwas Besonderes in unserer Stadt machen. Patrick wollte was über Werder Bremen schreiben. Janine fand das blöd. Sie wollte lieber was über das Schnürschuh-Theater im Steinweg erzählen, weil wir da neulich mit der ganzen Schule ein tolles Stück gesehen hatten. Ich sah Nico an. Er kaute an seinem Bleistift. Dann merkte er, dass ich ihn anschaute. »Und was willst du, Feli?«

Ich grinste, weil ich wusste, dass ich einen guten Plan hatte. »Keine Zeitung. Wir machen einen Film. Über unsere Schule.«

Er grinste auch. »Ich wusste doch, dass du immer die besten Ideen hast!«

Ich erklärte dann Patrick und Janine, dass ich Papas alte Videokamera bekommen hatte und dass ich damit ganz gut zurechtkam. Dann machten wir einen Plan, wie wir vorgehen wollten. Wir schrieben ein richtiges Drehbuch. Was wir filmen würden, wer dazu was sagen würde. Wir wollten zeigen, was wir an unserer Schule gut fanden und was wir gern geändert haben wollten.

Die nächsten Tage und Wochen waren wunderschön.

Wie früher hockten Nico und ich zusammen und wie früher hatten wir manchmal beide den gleichen Einfall, wie zum Beispiel bei dem Interview mit Frau Niemeyer, das ist unsere Schulsekretärin, oder beim Filmen von den Kritzeleien auf den Toiletten. Patrick und Janine machte unser Projekt auch einen Riesenspaß. Wir trafen uns fast jeden Nachmittag. Janine war Scriptgirl. Patrick war Toningenieur. Ich war Kamerafrau und Nico war Regisseur. Den Hausmeister hatten wir in unseren Plan eingeweiht und er gab uns ein paar Mal die Schlüssel, damit wir in die Schule reinkonnten um zu filmen.

Als alles fertig war, sahen wir es uns mit Papa an und sagten ihm, in welcher Reihenfolge und wie lange wir die einzelnen Filmszenen wollten. Er war unser Cutter und schnitt uns dann den Film, denn an seinen Schneidetisch wollte er uns nicht ranlassen. Wir mussten dann noch den Kommentar sprechen und für unsere Wandzeitung ein Kinoplakat malen. Unser Schulfilm war ein Riesenerfolg.

Frau Bartel meinte zwar, das mit dem Swimmingpool auf dem Schulhof wäre wohl eine gute Idee, aber nicht zu verwirklichen, und eine Rutsche aus dem dritten Stock in die Sandkiste wäre zu gefährlich, aber über die Ideen mit der Disko in der Turnhalle und dem Obststand auf dem Schulhof könnte man reden.

Das war am 20. Februar. Das weiß ich noch ganz genau.

Es war ein Dienstag.

Mama war abends endlos am Telefonieren und ich spielte derweil mit unserem neuen Bruder. Er war hungrig und Mama hätte ihn längst stillen müssen, aber sie fand und fand kein Ende. Sie telefonierte mit Thea. Die beiden haben oft so lange wichtige Telefonate, das kennen wir schon. Meistens streiten sie sich wegen irgendwelcher Bücher oder Filme oder schwärmen sich davon vor.

Ich hörte nur mit einem halben Ohr zu.

Dann fiel auf einmal mein Name.

»Arme Feli.«

Danach gab es eine lange Pause, anscheinend war Thea am Reden.

»Wie soll ich ihr das bloß beibringen!«

Was? Was war denn passiert? Was wollte sie mir beibringen?

Ich nahm Jockel auf den Arm und näherte mich meiner telefonierenden Mama.

»Na ja, die Zeiten haben sich eben geändert.«

Für wen? Was hat sich geändert?

»Ja, ja, du hast ja Recht.«

Worin hatte Thea Recht?

»Aber schade ist es trotzdem.«

Was war schade?

Ich kam noch näher, da brüllte Jockel laut los.

»Du, tut mir Leid, aber ich muss mir jetzt den Nimmersatt zur Brust nehmen.«

Mama legte auf, schnappte sich das Brüllbaby und ging zu ihrem Stillsessel.

Ich folgte ihr.

»Was war los, Mama? Was musst du mir beibringen?«

Mama war sehr mit ihrem T-Shirt und dem Brust-Freimachen beschäftigt, und als sie dann endlich hochsah, grinste sie mit einem Mundwinkel.

»Tja, meine Süße, dieses Jahr ... ähem, also du weißt ja, bald ist euer Geburtstag –«

Klar. In diesem Jahr war Nico und mein Geburtstag wieder wie meistens am 1. März. Ich hatte schon tolle Pläne, jetzt nach unserem Film würden wir vielleicht wieder öfter was zusammen machen und da war doch ein tolles Geburtstagsfest ein Mega-Anfang. Gleich morgen würde ich mit ihm mal darüber reden. Wir hatten ja noch Zeit.

»Also, Feli, ich sag's dir am besten gleich, wie's ist: Nico will diesmal eine Herrenparty feiern. Ohne Mädchen. Ganz ohne Mädchen.«

Ich sah sie an.

Sie sah mich an.

»Du, Feli…«

»Hm.« In mir war ein großes schwarzes Loch. Ich blinzelte. Blöde Tränen. Geht weg.

»Felimaus…!« Mama sah mich mitleidig an.

Das wollte ich nicht.

»Püh, macht mir doch nix aus. Soll er doch seinen Jungsclub machen. Mir doch egal.«

Mama seufzte. »Na, das freut mich aber, dass du das so locker wegsteckst. Und was machen wir dann an deinem Geburtstag?«

Ich zuckte die Achseln. Keine Ahnung. Wie feiert man einen Geburtstag ohne Nico?

»Wen möchtest du denn einladen?«

Gute Frage. Janine. Nö, lieber nicht.

»Niemanden, glaube ich.«

Mama sah mich zweifelnd an. Ich kenne diesen Blick, wenn sie mir was nicht abkauft. Doch in diesem Augenblick rutschte Jockel die Warze aus dem Mund, er quiekte und sie war mit ihm beschäftigt.

Ich ging in mein Zimmer und schmiss mich aufs Bett.

Nico wollte mich nicht mehr.

Er fand mich blöd.

Er traute sich nicht mich zu seinen Kumpels einzuladen. Aber wollte ich überhaupt dahin, wo er mit denen

feierte? Die redeten vielleicht die ganze Zeit nur von Fußball und Autos und Computerspielen.

Ich heulte eine kleine Runde.

Zwei Tage später verteilte Nico in der Schule seine Geburtstagseinladungen. Es regnete und wir konnten nicht auf den Schulhof. Patrick kriegte natürlich eine, und Ole. Felix auch und Cengiz und Konrad. Während der ganzen Pause grölten sie rum, was sie alles machen wollten.

Ich saß hinten auf unserem Schmökersofa und tat so, als ob ich las. Dann hörte ich meinen Namen.

»Feli?«

»…muss ja nicht immer kommen … na ja, das war früher…«

Ich merkte, wie ich einen ganz heißen Kopf kriegte und wie mir der Hals ganz eng wurde.

»Rote Haare«, hörte ich dann.

»Sieht doch aus wie Pippi Langstrumpf«, sagte Ole.

Der hatte mich ja noch nie leiden können.

»Nee, wie Pippi Kacka«, hörte ich dann. Alle brüllten vor Lachen.

Nicos Stimme.

Mein Zwilling.

Er hatte Pippi Kacka gesagt.

Und mich gemeint.

Katrin Topsch

Sonne, Maus und Sterne

»Ich habe eben einfach null Bock auf so was!«, sage ich wütend und zermansche meine Kartoffeln auf dem Teller. »Mama kommt mit. Das muss doch reichen!«

»Wir sollen aber alle mitbringen. Hat Sonja gesagt!«, beharrt Daniel. Daniel ist mein kleiner Bruder und Sonja ist seine Kindergärtnerin. Heute Abend findet ein Laternenumzug mit allen Kindergartenkindern statt. Dazu sind die Eltern und Geschwister eingeladen. Doch wer latscht schon freiwillig mit einem Haufen Zwerge durch die Gegend? Womöglich soll man dazu auch noch lauthals singen – ›Laterne, Laterne‹ oder so was Ähnliches. In der Öffentlichkeit! Wo man jeden treffen könnte!

»Ohne mich, Dani«, wiederhole ich.

»Mit der ganzen Fa-mi-li-e!«, ruft Daniel.

»Na und?«, frage ich. »Papa bleibt ja auch bei Annika zu Hause.«

»Weil die eben noch zu KLEIN ist!« Daniel schlägt mit der Gabel auf den Tisch.

Klar, das weiß ich auch. Annika ist nun wirklich noch zu klein. Sie kann noch nicht mal laufen.

»Und ich bin eben schon zu GROSS!« Gleich schlage ich auch mit der Gabel auf den Tisch.

»Es reicht, Daniel und Christine!«, schaltet sich Mama in das Gespräch ein. »Wer nachher Lust hat, kommt mit. Wer nicht, lässt es bleiben. Und jetzt wird gegessen.«

Ich strecke Daniel die Zunge heraus.

»Ey!«, brüllt Daniel.

»Ruhe!«, brüllt Mama.

Einen Moment lang herrscht Stille.

Daniel stopft sich eine Kartoffel in den Mund.

»Papa«, fragt er dann kauend, »können wir Tine nicht verkaufen?«

»Seine Geschwister kann man nicht verkaufen«, antwortet Papa.

»Wir sollten dich im Wald aussetzen!«, schlage ich vor. »Hätten wir schon längst machen sollen!«

»Jetzt ist aber endgültig Schluss!«, droht Mama. »Sonst werdet ihr beide zur Adoption freigegeben. Und zwar nur gemeinsam!«

Schweigend essen wir weiter.

So ist es immer: Daniel und ich streiten uns und am Ende sind alle sauer. Als Daniel geboren wurde, war ich fünf Jahre alt. Ich fand es ziemlich interessant, einen kleinen Bruder zu haben. Aber so spannend wie Mama

und Papa fand ich es nun auch wieder nicht. Ganz zu Anfang war es prima mit Daniel. Mama und Papa waren die ganze Zeit mit dem Baby beschäftigt und ich konnte endlich in Ruhe tun und lassen, was *ich* wollte. Ich glaube, in Daniels erstem Lebensjahr habe ich so viel erlebt wie später nie wieder. Fast jeden Tag war ich mit meinem Freund Erik unterwegs. Wir haben Leute durch die halbe Stadt verfolgt, in der Tierhandlung Meerschweinchen gestreichelt und im Supermarkt Schokoriegel geklaut. Erst als wir beim Schwarzfahren im Bus erwischt wurden, war die aufregende Zeit zu Ende. Mama und Papa passten wieder genauer auf mich auf.

Ich musste auch anfangen besser aufzupassen, denn Daniel hatte inzwischen Krabbeln gelernt. Ständig fehlten mir irgendwelche Sachen, weil Daniel einfach alles mitschleppte, was ihm gefiel. Als Daniel laufen lernte, wurde es noch schlimmer.

»Funne!«, sagte er stolz, wenn man ihn fragte, woher er das Zeug hatte. Das sollte ›gefunden‹ heißen.

Mamas und Papas einziger Kommentar war: »Ist er nicht süß?«

»Aber er findet immer Sachen in meinem Zimmer!«, beschwerte ich mich. Doch es war aussichtslos.

Einmal habe ich meine Blockflöte im Sandkasten wie-

der gefunden. Noch heute hat man manchmal Sandkörner beim Flötespielen im Mund.

Jetzt ist Daniel selber fünf Jahre alt. Vor einem Jahr haben wir dann noch Annika bekommen.

»Nun ist die Familie komplett!«, hat Papa gesagt.

Annika ist ein ruhiges Kind. »Gott sei Dank!«, sagt Mama immer. Und dass ihr zwei Nervensägen reichen. Dabei haben wir nur eine Nervensäge. Das ist Daniel.

Nach dem Mittagessen mache ich Hausaufgaben. Dabei fällt mir ein, dass ich meine Haarspange suchen wollte. Ich habe sie heute Morgen nicht gefunden. Auf meiner Haarspange sitzt eine Gummimaus. Wenn man sie drückt, quietscht sie. Das ist meine Lieblingsspange. Ich bin fast sicher, dass sie irgendwo bei Daniels Sachen ist. Vorsichtig schaue ich in sein Zimmer. Daniel ist nicht da. Das Fenster ist schräg gestellt und ich höre Daniels Stimme von draußen. Er spielt auf der Straße.

Wunderbar – so kann ich in Ruhe sein Zimmer durchsuchen. Als Erstes schaue ich in die Schubladen. Wachsmalstifte, Playmobil-Männchen, Hörspielkassetten, Legosteine und Socken. Keine Haarspange. Während ich mich auf den Boden lege um unters Bett zu gucken, höre ich, wie Daniel draußen mit Alexander aus dem Nachbarhaus redet. Den kennt er aus dem Kindergarten.

»Meine große Schwester kommt heute auch mit zum Laternenumzug!«, sagt Daniel gerade.

Nanu, denke ich. Das wüsste ich aber! Gibt der Zwerg etwa mit mir an?

»Blöde Schwester!«, antwortet Alexander. Der spinnt wohl!

»Gar nicht blöd!«, ruft Daniel.

Wie bitte? Hat das eben *mein* Bruder von mir gesagt? Vorsichtig gucke ich aus dem Fenster. Daniel streckt Alexander die Zunge raus.

»Weißt du was?«, fragt Alexander. »Ich kenne ein Lied!«

Er stellt sich vor Daniel auf. Was kommt wohl jetzt? Alexander ist ein freches Kind. Ich konnte ihn noch nie leiden.

»Kling, Glöckchen, klingelingeling! Kling, Glöckchen, kling!«, singt Alexander. »Alle soll'n es wissen, Daniel ist beschissen!«

Dann lacht er laut. Eine ganz schöne Gemeinheit.

»Selber beschissen!«, ruft Daniel. Er läuft zum Haus und klingelt Sturm.

»Kling, Glöckchen, klingeling!«, ruft Alexander ihm hinterher.

Ich höre, wie Mama die Tür aufmacht.

»Der ärgert mich!«, heult Daniel.

»Aber Alexander ist doch sonst immer so nett«, beschwichtigt Mama ihn. Sie ist mit Alexanders Mutter befreundet.

Daniel kommt wütend die Treppe heraufgestampft. Schnell gehe ich wieder in mein Zimmer. Ich kann Daniel verstehen.

»Weißt du was?«, rufe ich ihm zu, als er in sein Zimmer geht. »Ich komme doch mit in den Kindergarten.«

»Echt?«, fragt Daniel überrascht.

Als es dunkel wird, gehen wir los. Bis zum Kindergarten ist es nicht weit. Daniel läuft uns aufgeregt voraus.

»Wir haben die Laternen selbst gebastelt! Aus Pappe und buntem Papier. Meine ist die schönste!«, verkündet er.

»Hallo Sonja!«, ruft Daniel, als wir in den Kindergarten hineingehen.

»Hallo Dani!«, antwortet Sonja. Sie gibt Mama die Hand und zu mir sagt sie: »Du bist also die großzügige Spenderin!«

Ich nicke und lächele zurück. Ich habe keine Ahnung, wovon Sonja spricht. Das ändert sich aber sofort, als ich die Laternen auf dem Tisch liegen sehe. Daniels Laterne erkenne ich auf den ersten Blick: Vorne am Laternenstock hängt meine Haarspange mit der Gummimaus. Sie

101

sieht aus wie eine Galionsfigur. War ja klar, dass er sie geklaut hat! Da hätte ich zu Hause noch lange suchen können.

»Guck, Mama, meine Laterne!«, ruft Daniel und schwenkt die Laterne. Er hat noch nicht mal ein schlechtes Gewissen.

»Du gibst sofort meine Haarspange wieder her!«, rufe ich. Ich bin stinksauer auf Daniel. Ständig nimmt er meine Sachen weg.

»Aber die gehört jetzt zu der Laterne«, widerspricht Daniel. »Hab ich ganz allein gebastelt! Die allerschönste Laterne von allen!« Er ist richtig stolz.

Was soll man da sagen, als große Schwester? »Na gut«, lenke ich schließlich großzügig ein, aber leise flüstere ich ihm zu: »Nachher will ich die Spange wiederhaben!«

Die Laternen werden angezündet und wir gehen los. Zum Glück ist es schon dunkel. Ich hoffe, es wird mich niemand erkennen.

»Laterne, Laterne!«, stimmt Sonja an und alle singen mit. Es stört niemanden, dass ich stumm bleibe. Ich könnte ja den Text nicht kennen. Daniel scheint den Text auch nicht zu kennen. »Sonne, Maus und Sterne!«, singt er neben mir. Als er bei »meine liebe Laterne nicht!«

angekommen ist, hört man rechts von uns plötzlich: »Kling, Glöckchen, klingelingeling...«

Alexander drängt sich neben Daniel und singt leise das Lied von vorhin. Daniel blickt ihn sauer an.

»Mama, der ärgert mich wieder!«, beschwert er sich.

Aber Mama hört ihn gar nicht. Sie hat inzwischen Alexanders Mutter entdeckt.

»Bummela-Bummela-ter-ne!«, singen sie lauthals. Ich könnte vor Peinlichkeit im Boden versinken.

Als wir um die Ecke zur Hauptstraße biegen, werde ich nervös. Dort vorne ist unsere Schule. Ich weiß genau, dass heute Nachmittag Badminton-AG ist. Ein paar Leute aus meiner Klasse gehen dorthin. Die AG dauert von vier bis sechs. Und jetzt ist es zehn nach sechs. Ich würde nur sehr ungern von meinen Mitschülern dabei beobachtet werden, wie ich mit einer Gruppe von KIN-DERGARTENkindern an einem Laternenumzug teilnehme. Na super: dort an den Fahrradständern sehe ich schon Tim. Er schließt sein Rad auf und dreht sich zur Turnhallentür um. Oh Mistkäfer! Natürlich muss gerade in diesem Augenblick auch Marco aus der Turnhalle kommen. Wenn mich Marco hier entdeckt, dann sterbe ich auf der Stelle, so viel steht fest. Marco Amici aus meiner Klasse ist nämlich nicht irgendjemand. Monate-

lang habe ich ihn meine Mathehausaufgaben abschreiben lassen. Dabei kann ich Mathe gar nicht besonders gut. Aber seit Marco regelmäßig bei mir abschreibt, gebe ich mir immer sehr viel Mühe mit den Hausaufgaben. Vor der letzten Mathearbeit hat mich Marco sogar einmal nachmittags besucht um sich noch etwas erklären zu lassen. Und nächste Woche hat Marco Geburtstag. Ich wünsche mir nichts mehr als eingeladen zu werden. Julia und Tim hat er schon gefragt und ich werde langsam nervös! Und wenn er mich hier sieht, denkt er bestimmt, ich bin noch das absolute Kleinkind.

Es ist ziemlich dunkel, überlege ich, und die Turnhalle ein ganzes Stück entfernt. Leider sind die Fahrradständer direkt an der Straße. Genau dort geht Marco gerade hin. Er schließt sein Rad auf. Ich bleibe wie angewurzelt stehen. Ich kann jetzt unmöglich dort vorbeigehen!

»Tine!«, ruft Mama. »Wo bleibst du denn?« Muss sie denn jetzt auch noch meinen Namen rufen? Also setze ich mich wieder in Bewegung. Aber ich muss mich irgendwie tarnen. Schnell ziehe ich meine Kapuze über den Kopf und halte mir einen Arm vors Gesicht. Aus dem Augenwinkel kann ich gerade noch sehen, dass Tim und Marco stehen geblieben sind und sich den Laternenumzug ansehen. Dann gehe ich direkt an ihnen vorbei und wage nicht mehr in ihre Richtung zu sehen. Ich

bücke mich zu irgendeinem Knirps hinunter und tue so, als würde ich mir seine Laterne ansehen. Geduckt schleiche ich an den Fahrradständern vorbei. Erst als wir ein ganzes Stück daran vorbei sind, richte ich mich vorsichtig wieder auf und drängele mich schnell nach vorne durch. Puh! Das dürfte geklappt haben. Marco und Tim müssten schon Infrarotaugen besitzen, wenn sie mich entdecken wollten. Ich marschiere fröhlich neben Mama und Daniel weiter.

»Was gab's denn da hinten so Spannendes?«, will Mama wissen. Ich komme nicht mehr dazu, mir irgendetwas auszudenken, denn plötzlich ruft Daniel: »Guck mal, Tine, da ist der Junge aus deiner Klasse!«

Mein Herz bleibt fast stehen. Marco überholt gerade den Laternenzug mit dem Fahrrad. Dann hält er an der roten Ampel an.

»Hallo!«, brüllt Daniel und schwenkt die Laterne. »Tine ist auch hier! Wir machen einen Laternenumzug!«

Marco dreht sich um. Dann sieht er mich. Ich weiß nicht genau, wie ich es fertig gebracht habe, diesen Moment zu überleben. Auch Daniel schwebte einige Momente lang in akuter Lebensgefahr. Ich hätte ihm den Hals umdrehen können. WIESO kennt er Marco? Er muss ihn gesehen haben, als er vor der Mathearbeit bei

105

uns war. Mein Bruder hat ein Gedächtnis wie ein Elefant. Im Memory gewinnt er jede Runde.

Ich schlucke nervös und versuche so auszusehen, als würde ich gar nicht zu dem Umzug dazugehören.

»Hallo, Marco«, murmele ich verlegen.

»Was machst du denn hier?«, fragt Marco und grinst.

Ich überlege krampfhaft. Wenn mir doch bloß etwas Witziges einfallen würde!

»Also, ähm«, sage ich, »für dich sieht es vielleicht so aus, als würde ich hier mit Kindergartenkindern Laterne laufen, aber in Wirklichkeit handelt es sich um Probeaufnahmen zu der Neuverfilmung von ›Schneewittchen und die siebenundzwanzig Zwerge‹.« Ich kann es kaum ertragen, mir selbst zuzuhören. Marco blickt verunsichert. Er muss ja denken, dass ich den Verstand verloren habe.

Die Ampel wird grün und die Kinder drängeln sich an uns vorbei.

»Komm, Tine!«, ruft Daniel und zerrt mich am Ärmel. Ich gehe über die Straße. Marco schiebt neben mir sein Rad über die Straße.

Daniel wedelt mit der Laterne vor Marcos Gesicht herum.

»Guck!«, ruft er. »Meine Laterne! Mit Maus!«

»Nun lass mal!«, murmele ich Daniel zu. Mir ist das

106

alles ziemlich unangenehm. Aber Marco guckt sich schon die Laterne an.

»Wow!«, sagt er und lacht. »Das ist ja eine richtige Turbo-Space-Laterne!« Er klingt gar nicht so, als würde er Daniel albern finden.

Daniel nickt beeindruckt. »Turbo-Space«, wiederholt er. »Genau!«

Dann drängelt er sich zu Mama durch. »Mama!«, brüllt er. »Ich habe eine Turbo-Space-Laterne!«

Ich weiß gar nicht, was ich sagen soll. Marco sagt: »Ich glaube, so war ich früher auch mal!«

»Hast du eigentlich auch Geschwister?«, frage ich.

Marco nickt. »Große Schwester«, antwortet er. »Nervt den ganzen Tag!« Er steigt auf sein Rad. »Bis morgen!«, ruft er und fährt los. Dann dreht er sich noch mal um und ruft: »Kannst sie ja selbst kennen lernen, auf meinem Geburtstag nächste Woche!«

Ich bleibe stehen und kann es nicht glauben: Ich habe Marco Amici mit einem Haufen Kindergartenkinder getroffen und es war NICHT peinlich. Und: Er hat MICH eingeladen!

Ich muss ein bisschen schneller gehen um den Umzug wieder einzuholen.

»Wo bist du denn nur die ganze Zeit, Tine?«, will Mama wissen. »Jetzt bleib doch mal bei uns!«

»Jaja«, sage ich. Brav gehe ich hinter Mama und Daniel her. Dabei summe ich die Lieder mit. Ich habe plötzlich sehr gute Laune.

›Laterne, Laterne‹, pfeift Daniel auf dem Weg nach Hause durch seine Zahnlücke. Dazu schwenkt er seine Laterne. Ich pfeife mit.

Plötzlich sagt Daniel: »Markus ist aber nett!«

»Der heißt Marco!«, verbessere ich ihn.

»Mar-KUSS wäre aber auch nicht schlecht!«, kichert Daniel.

»Halt die Klappe, du Biest!«, fauche ich. Aber ich muss ein bisschen lachen.

»Wir gehn nach Haus, ich hab die Maus!«, singt Daniel. »Rabimmel-rabammel-rabumm!«

Als wir die Treppenstufen zur Wohnung hinaufsteigen, nehme ich zwei Stufen auf einmal. Neben mir macht Daniel Riesenschritte und nimmt auch zwei Stufen auf einmal. Dabei sind seine Beine noch viel zu kurz dafür. Er stolpert fast. Ich nehme nur noch eine Stufe. Da nimmt Daniel auch nur noch eine Stufe. Wenn ich den Fuß anhebe, hebt er auch den Fuß. Und wenn ich ihn absetze, setzt Daniel ihn auch ab. Genau gleichzeitig erreichen wir die Wohnungstür.

Erwin Grosche

Die Abenteuer der unglaublichen Kaminski-Brüder

Die unglaublichen Kaminski-Brüder saßen am Frühstückstisch und hatten ihr Gesicht hinter einer großen Zeitung verborgen. Billi, Bum und Bernhard waren Drillinge und sahen sich ähnlich wie ihre drei Frühstückseier.

Plötzlich durchbrach ein Aufschrei die morgendliche Stille. Billi las laut vor: »Hier ein Leserbrief von unserem Zahnarzt Dr. Rothemund: *Wir müssen sparen! Alle werden aufgerufen mehr zu sparen. Wir geben zu viel Geld aus, wir verschwenden zu viel Zeit, wir essen und trinken zu viel und machen zu viel Quatsch. Wir müssen sparen!*«

Billi war ganz aufgeregt, biss hastig in sein Marmeladenbrötchen und schrie weiter mit vollem Mund: »Habt ihr das gelesen, Jungs? Dr. Rothemund hat Recht. Da machen wir doch mit. Wir wollen anderen ein gutes Beispiel sein und fangen an. Wir sparen, wo es geht, und wo es nicht geht, sparen wir erst recht. Die unglaublichen Kaminski-Brüder werden wieder in aller Munde sein.«

Bum war gleich begeistert von der Idee. Bernhard wog noch ab. »Ich spare nicht sehr gerne. Ich habe lieber Geld und gebe es aus. Was machen wir mit unserem Geld, wenn wir es nicht ausgeben dürfen?«

Billi stopfte sich Bums Marmeladenbrot in den Mund und mampfte: »Wir sparen es, du Weichei, außerdem haben wir nicht viel Geld, sondern viele Schulden, und so sollten wir heute anfangen Geld zu sparen, damit wir bald wieder reich sind.«

Bum war begeistert und Bernhard schließlich auch. Billi aß Bernhards Marmeladenbrötchen auf und sagte nach einem langen Rülpser: »Jungs, wir sind uns also einig. Ich warte auf eure unglaublichen Vorschläge!«

Die unglaublichen Kaminski-Brüder sparen beim Zeitunglesen

Bum suchte sein Marmeladenbrötchen, als Bernhard eine Idee hatte: »Wir sparen beim Zeitunglesen.«

Billi war entsetzt: »Das kannst du nicht machen. Wir brauchen doch unsere Zeitungen um uns dahinter zu verstecken. Wir sind doch Drillinge und so ähnlich wie unsere Frühstückseier. Wenn ich dich oder Bum schon am frühen Morgen sehen würde und müsste den-

ken, das wäre ich, dann käme ich ganz schön durcheinander.«

Bum nickte zustimmend und gab Billi sein Frühstücksei.

Bernhard maulte: »Lasst mich erst mal ausreden, Jungs. Ich meine, wir lesen alle drei jeden Morgen eine Zeitung. Wir lesen alle drei jeden Morgen sogar die gleiche Zeitung. Das muss nicht sein. Eine Zeitung für alle würde völlig ausreichen. Unsere Zeitung hat einen politischen Teil, einen Sportteil, einen Ortsteil und die Kulturbeilage. Wir könnten also alle drei abwechselnd einen Teil davon lesen und brauchten uns am Morgen nicht zu sehen.«

Bum murmelte ein leises »genial« und schob sein Frühstücksei von Billi zu Bernhard.

»Ich habe eine noch bessere Idee«, sagte Bernhard. »Wir bestellen alle unsere drei Zeitungen ab und gehen zum Zeitunglesen zu unserem Zahnarzt Dr. Rothemund. Der hat doch auch diesen Leserbrief geschrieben und in seinem Wartezimmer Zeitungen ausliegen von gestern und vorgestern. Wir sparen damit das Geld für drei Zeitungen und sind trotzdem auf dem Laufenden.«

Bum murmelte ein »superspitzengenialtolltoll« und schob sein Frühstücksei von Bernhard wieder zu Billi. Bernhard ließ sein Frühstücksei auch zu seinem un-

111

glaublichen Bruder hinüberkullern. »Außerdem«, fuhr er fort, »hätte dies noch den Vorteil, bei plötzlich auftretenden Zahnschmerzen einen Fachmann in der Nähe zu haben.«

Bum und Bernhard waren begeistert, ausgelassen schlugen sie mit ihren Messern auf die Frühstücksbrettchen. Billi aß vergnügt seine drei Frühstückseier. Es war so weit: Die unglaublichen Kaminski-Brüder hatten wieder zugeschlagen.

Die unglaublichen Kaminski-Brüder sparen beim Schokoladenessen

Die unglaublichen Kaminski-Brüder saßen im Wartezimmer der Zahnarztpraxis Dr. Rothemund und lasen Zeitungen. Manchmal kam ein Aufruf durch den Zahnarztpraxislautsprecher: »Der Nächste bitte«, doch die Kaminski-Brüder nahmen dies nur als Zeichen, ihre Zeitungen auszutauschen, und blieben ungerührt sitzen. Einmal glaubte Bum, er hätte Zahnschmerzen, ließ aber den kleinen Jungen neben sich vorgehen, und als der wieder rauskam, waren Bums Zahnschmerzen Schnee von gestern.

»Wir könnten beim Schokoladenessen sparen«, sagte Bernhard plötzlich.

Bum schaute entsetzt zu Billi. »Wie kommst du denn jetzt darauf?«, fragte dieser.

Bernhard ließ seine Zeitung sinken: »Ich habe heute Morgen Dr. Rothemund getroffen. Er sagt, Süßigkeiten sind nicht gut für die Zähne und kosten zu viel Geld.«

Bum war den Tränen nahe, er aß sehr gerne Süßigkeiten und besonders Schokolade. Billi schwieg hinter seiner Zeitung, als würde er nachdenken. Bernhard fuhr fort. »Donnerstag ist immer unser Schokoladentag. Wir essen drei Tafeln Schokolade und sind zufrieden. Das muss nicht sein.«

»Was hast du gegen Zufriedenheit!«, schrie Brum. »Zufriedenheit macht sehr zufrieden und man braucht nicht mehr so viel Schokolade zu essen.«

Bernhard wusste nicht, was Bum meinte. Billi faltete seine Zeitung zusammen und legte sie auf den Tisch. »Bum meint, dass Schokoladensparen gut ist für Zähne und Geldbeutel, aber nicht für die Zufriedenheit.«

Bum warf zustimmend seine Zeitung in die Luft und nickte zufrieden.

»Wir müssen eine Kombination finden, die sparsam ist und zufrieden macht. Wenn wir statt drei Schokoladen nur eine Schokolade essen, werden für alle die Portionen kleiner. Das ist hart. Wenn wir dies aber nicht wissen, weil wir die Schokolade nicht sehen können, dann sind

wir alle wieder zufrieden. Ich schlage vor, wir essen diese eine Schokolade im Dunkeln und schmatzen dazu so laut, als wären es drei.«

»Gute Idee, Bruderherz. Damit sparen wir das Geld für die Schokolade und für den Zahnarzt.«

Bernhard warf begeistert seine Zeitung in die Luft. Billi lachte und fing Bernhards Zeitung auf. »Mehr noch, Bruderherz, wir sparen nicht nur Geld für die Schokolade und den Zahnarzt, sondern auch noch Geld für das Licht.«

»Und das bei gleich bleibender Zufriedenheit«, traute sich Bum anzufügen. Bernhard rannte zur Zahnarztanmeldung und schrie in das Mikrofon, dass es durch alle Lautsprecher in alle Räume der Zahnarztpraxis übertragen wurde: »Die unglaublichen Kaminski-Brüder sparen beim Schokoladenessen, aber nicht an ihrer Zufriedenheit.«

Unglaublich.

*Die unglaublichen Kaminski-Brüder sparen
beim Lärmmachen*

Billi war schon eine Viertelstunde am Schreien gewesen. Danach waren Bernhard und Bum an der Reihe. Bum wollte nicht.

»Mir ist das zu laut«, schrie Bum. »Jeden Sonntagmorgen wird hier herumgeschrien, als hätten wir Streit. Ich will das nicht mehr. Ich bin das leid!«

Billi und Bernhard wussten gar nicht, was sie sagen sollten. Billi und Bernhard wussten auch nicht, ob sie etwas sagen sollten. So entnervt hatten sie ihren unglaublichen Drillingsbruder noch nie gesehen.

»Wir sollten am Lärmmachen sparen. Jedes Geschrei ist zu viel und vor allen Dingen zu laut. Wir sollten uns das Schreien aufbewahren für Augenblicke, wo es wirklich was zu schreien gibt!«, schrie Bum. »Jetzt zum Beispiel. Uaaaah!«

Billi und Bernhard blieben stumm, sie waren baff und still. Bum machte eine große Pause, bevor er diesmal flüsterte: »Lasst uns Stille suchen gehn. Wo Lärm gespart wird, hort man sich zu.«

»Ja«, flüsterten Billi und Bernhard zurück, einfach »ja«, und gingen hinter Bum her um Stille zu suchen.

Doch die unglaublichen Kaminski-Brüder standen auf dem Bürgersteig und fanden dort die Stille nicht. Ein Motorrad fuhr vorbei, ein Auto stoppte quietschend vor der Ampel und ein Flugzeug donnerte über sie hinweg.

»Ich weiß, wo wir wieder Stille finden«, sagte Bum

schließlich. »In Dr. Rothemunds Wartezimmer ist es so still, dass man nur seinen Bohrer hören kann.«

»Au ja«, sagte Billi bewundernd. Dann ziehen wir doch am besten ganz zu ihm. Damit würden wir nicht nur den Lärm einsparen, sondern auch unsere Miete.«

»Natürlich«, sagte Bernhard, »zumal schon unsere Zeitungen dort sind. Das ist also nur praktisch gedacht.«

»Wenn Dr. Rothemund hört, wie sparsam wir geworden sind, dann nimmt er uns mit Kusshand auf«, schrie Bum übertrieben laut.

Und alle unglaublichen Kaminski-Brüder machten ein bescheidenes »Psssst«.

Die unglaublichen Kaminski-Brüder sparen
beim Wassernutzen

Billi badete in Dr. Rothemunds Badewanne. Bum saß auf Dr. Rothemunds Klo und Bernhard duschte unter Dr. Rothemunds Handdusche.

»Dr. Rothemund flehte mich an Wasser zu sparen«, sagte Bum, »seine Patienten würden schon Wasser beim Mundausspülen verbrauchen und gründliches Mundduschen wäre kaum noch zu bezahlen.«

Bernhard kam gerade unter Dr. Rothemunds Hand-

dusche hervor und trocknete sich mit Dr. Rothemunds Zahnarzthandtuch ab.

»Und?«, fragte er. »Was hast du gesagt?«

»Ich habe natürlich gesagt, dass gerade die unglaublichen Kaminski-Brüder gewohnt sind an allen Ecken und Enden zu sparen und wir uns ganz sicher etwas einfallen lassen werden.«

Billi schlug mit den Fäusten ins Wasser. »Natürlich, wir lassen uns etwas einfallen.«

Die Kaminski-Brüder dachten nach.

»Und wenn wir uns nicht mehr waschen und baden«, schlug Bernhard vor.

»Das können wir Dr. Rothemund nicht antun«, winkte Billi ab.

»Wir brauchen uns ja nicht mehr dreckig zu machen«, hakte Bernhard nach.

»Quatsch mit Soße, Kaminski-Brüder, wir brauchen Vorschläge, die unserer würdig sind«, schimpfte Billi.

Bum hob die Hand. »Ich habe eine Idee. Wir könnten immer gemeinsam baden, dann sparen wir Wasser und nutzen das Gastrecht nicht unnötig aus.«

Billi und Bernhard ließen sich den Vorschlag auf der Zunge zergehen. So gut war er.

»Wir passen nicht zu dritt in Dr. Rothemunds Badewanne«, gab Bernhard zu bedenken.

Bum hatte an alles gedacht: »Zwei baden immer, einer rennt herum und wäscht den anderen Rücken und Haare.«

»Und wer darf als Erstes baden?«, fragte Bernhard.

»Wir könnten alphabetisch vorgehen?«, schlug Billi vor.

»Ob wir wohl alle drei mit einem ›B‹ beginnen?«, maulte Bernhard.

»Dann geht es eben nach Schönheit«, sagte Billi, was aber als Vorschlag auch abgelehnt wurde, weil sich die Drillinge so ähnlich waren wie ihr Spiegelbild.

Aber Bum hatte an alles gedacht: »Die, die am saubersten sind, dürfen zuerst in die Wanne. Der Dritte kann danach das Wasser der ersten beiden nutzen. Außerdem könnte der Zweite schon beim Baden beginnen die Wanne zu reinigen. Er könnte seine Seife nehmen und gezielt den Schmutzrand wegrubbeln. So findet der Dritte eine Wasserqualität vor, die ihn nicht aufstöhnen lässt.«

Bum hatte gesprochen und seine beiden Brüder waren einverstanden.

Dr. Rothemund würde stolz auf sie sein. Die unglaublichen Kaminski-Brüder hatten ein Problem gehabt und eine Lösung gefunden, die sich gewaschen hat.

Unglaublich, aber wahr.

Die unglaublichen Kaminski-Brüder sparen beim Haareschneiden

Dr. Rothemund hatte einen Bruder, der war Friseur. Haareschneiden ist teuer und Haareschneiden mal drei allemal. Bernhard Kaminski hatte eine unglaubliche Idee, wie dieses Problem zu lösen war. Bernhard ging zu Dr. Rothemunds Bruder, setzte sich auf den Friseurstuhl und verlangte ein Haarwuchsmittel und einen Haarschnitt »möglichst kurz«. Kurz vor Ende des Haareschneidens ging Bernhard an die frische Luft »um einmal kurz das Haarwuchsmittel auszuprobieren«, schickte seinen Bruder Billi herein, der, das Haarwuchsmittel in der Hand, sich im Friseurstuhl niederließ, so tat, als wäre er Bernhard, und sagte: »Alle Achtung. Ihr Haarwuchsmittel wirkt ja schnell. Jetzt müssen Sie wieder von vorne anfangen und die Haare schneiden.«

Kurz bevor Dr. Rothemunds Bruder wieder so weit war die Haare geschnitten zu haben, verließ nun Billi den Friseursalon »um noch einmal draußen das Haarwuchsmittel auszuprobieren.«

Diesmal schickte Billi Bum in den Salon, der, das Haarwuchsmittel in der Hand, mit seiner Mähne auf dem Friseurstuhl Platz nahm, das Haarwuchsmittel lobte und sich ebenfalls die Haare schneiden ließ.

Dr. Rothemunds Bruder, der Friseur, war fix und fertig. Er ahnte zu keinem Zeitpunkt, dass er das Opfer von drei gleich aussehenden Drillingen geworden war. Im Gegenteil. Nachdem Bum den Friseursalon verlassen hatte und nur für einmal Haareschneiden bezahlen musste, schmiss Dr. Rothemunds Bruder das geschäftsschädigende Haarwuchsmittel fort und beschloss die Abendschule zu besuchen um ebenfalls Zahnarzt zu werden wie sein Bruder – denn Zähne können nicht so schnell wachsen wie Haare.

Eine haarsträubende Geschichte, aber unglaublich wahr.

Die unglaublichen Kaminski-Brüder sparen an der falschen Stelle

Die unglaublichen Kaminski-Brüder lagen mit Dr. Rothemund in Dr. Rothemunds Bett. Sie hatten sich zu Recht gesagt, was sollen wir uns drei Betten leisten, wenn Dr. Rothemund ein so großes Bett für alle hat. Dr. Rothemund war zuerst nicht so begeistert von dem Plan, sah aber ein, dass gespart werden muss, wo es möglich ist. Ein großes Bett ist eine Einladung.

Bum hatte die großartige Idee, immer einzeln aufzustehen, und am besten nur in Dr. Rothemunds Mittags-

pause oder nach Feierabend. So war es möglich, Dr. Rothemunds Zahnarztkleidung zu tragen und die eigenen Sachen zu schonen um unnötige, teure Neuanschaffungen zu vermeiden.

Natürlich kam es manchmal vor, dass die unglaublichen Kaminski-Brüder irrtümlicherweise für Zahnärzte gehalten wurden, aber eine schmerzhafte und stümperhaft ausgeführte Zahnbehandlung stellte diesen Irrtum meist wieder klar.

Es war Dr. Rothemunds Geburtstag. Die unglaublichen Kaminski-Brüder lagen mit ihm in seinem Bett. Die Sonne schien, ein leichter Anflaum von Eis umsäumte noch das Zahnarztschlafzimmerfenster. Das Schlafzimmer war lichtdurchflutet.

Bum hatte Lust, mit Dr. Rothemund Kaminski-Brüder-Raten zu spielen, aber der Arzt wollte nicht. Er konnte die drei Brüder beim besten Willen nicht auseinander halten. Er hatte beim letzten Mal ein kleines Vermögen verloren, als er Bum immer mit Billi vertauschte und Bernhard mit Bum.

»Was ist denn heute für ein Tag«, fragte Dr. Rothemund. Er fror ein wenig, weil Billi, aus Sparsamkeitsgründen, seinen Schlafanzug anhatte.

»Es ist Sonntag«, sagte Bum. »Ich bin gespannt, was du uns zum Frühstück machen wirst.«

»Aber es ist doch nicht einfach nur Sonntag«, sagte Dr. Rothemund. »Die Sonne scheint doch irgendwie besonders schön und die Eisblumen am Fenster strahlen wie ein Geschenk.«

»Ich weiß nicht, was du willst, Kurt«, sagte Bernhard, »seitdem dich deine Frau aus Platzgründen verlassen hat, wirst du immer sonderbarer.«

Die unglaublichen Kaminski-Brüder hatten Dr. Rothemund gezwungen ihnen seinen Vornamen zu verraten und nannten ihn auch seitdem so.

»Hat denn niemand auf dem Kalender in der Küche nachgeschaut?«, fragte Dr. Rothemund, »da steht doch ganz groß und fett etwas eingetragen.«

»Ich muss dir da etwas gestehen«, sagte Billi. »Ich habe den Kalender auf die Toilette gelegt, weil du vergessen hast wieder Klopapier zu kaufen. Es kann sein, dass der gesamte Januar bei meinem letzten Durchfall draufgegangen ist.«

Bum musste lachen, Bernhard auch, Dr. Rothemund nicht.

»Ich habe heute Geburtstag«, flüsterte Dr. Rothemund.

»Oh Kurt!«, sagte Bum. »Du hast Geburtstag. Ich gratuliere dir im Namen der unglaublichen Kaminski-Brüder.«

»Danke«, murmelte Dr. Rothemund.

»Wir haben nicht gewusst, dass du heute Geburtstag hast«, sagte Billi. »Ich habe mich nur schon die ganze Zeit gefragt, warum diese Torte mit Kerzen in deinen Augen leuchtet.«

Dr. Rothemund schluckte zweimal, bevor er verlegen fragte: »Habt ihr denn kein Geschenk für mich?«

»Wie mein Bruder schon sagte«, sagte Bernhard, »haben wir noch nicht von deinem Jubeltag gewusst, aber selbst wenn...«

»Aber selbst wenn...«, half Billi dem nicht mehr weiterwissenden Bernhard aus. »Aber selbst wenn wir davon gewusst hätten, zwänge uns doch unsere Sparsamkeit dazu, auf solche oberflächlichen Liebesbeweise zu verzichten.«

Bum und Bernhard applaudierten, Dr. Rothemund nicht.

»Es gibt doch so kleine Aufmerksamkeiten, man hätte doch etwas basteln können«, murmelte er.

Billi, Bum und Bernhard lachten. Dr. Rothemund schließlich auch. Und wer zuletzt lacht, lacht am besten.

Es war eine kalte Nacht, als sich die drei unglaublichen Kaminski-Brüder auf der Straße wieder fanden. Sie hatten kein Zuhause mehr, keine Schokolade und keine Zeitung mit einem Wohnungsangebote-Teil. Dr. Rothe-

mund hatte sie wütend vor die Tür gesetzt und diese dann abgeschlossen.

Der Zufall wollte es, dass gerade an dem Abend Dr. Rothemunds Bruder, der Friseur, von der Abendschule kam. Er hatte gerade sein Abschlusszeugnis bekommen und war danach mit Freunden ein Bier trinken gegangen. Er kam nun an Billi, Bernhard und Bum vorbei und lallte: »Entschuldigen Sie, mein Herr. Ich sehe Sie dreimal. Sollte ich bereits so glücklich sein, dass ich alles dreifach sehe? Entschuldigen Sie noch mal, schieben Sie es auf mein Glück. Ich habe heute fünfe gerade sein lassen, da ich etwas erreicht habe, was ich in meinem Alter nicht mehr für möglich hielt. Ich habe mich verändert. Wer an einem glücklichen Tag nicht feiert, hat an der falschen Stelle gespart.«

Und da hatten die drei unglaublichen Kaminski-Brüder noch etwas gelernt. Sie hatten vor lauter Sparsamkeit den Überfluss vergessen, den das Leben Tag für Tag mit vollen Händen aus dem Fenster wirft: Freundschaft und Freude, Treue und Dankbarkeit, Lachen und Weinen, Glück!

Unglaublich, aber wahr.

Wahr, aber unglaublich.

Martin Klein

Der doppelte Blinddarm

Für Astrid

Wenn man es nicht gerade superklasse findet, den ganzen Tag die Kiefer hin und her zu schieben wie John Wayne oder eine Kuh, spuckt man einen Kaugummi normalerweise aus, sobald er keinen Geschmack mehr hergibt. Oder man klebt ihn an einen geeigneten Ort. So enden Kaugummis entweder als flache Knödel unter einer Schulbank, wo sie sich eklig anfühlen, wenn man sie aus Versehen berührt, oder als klebrige Flatschen unter irgendwelchen Schuhen, die nicht mehr von der Sohle abzukriegen sind.

An diesem Nachmittag landete ein Kaugummi nach dem anderen in Markus' Magen und es bleibt ungeklärt, was dort aus ihnen wurde.

Als sein Magen sich so ähnlich anzufühlen begann wie ein gummierter Turnhallenboden, ging Markus zu seiner Mutter. Dieses gewisse Unwohlsein hatte er nicht nur einkalkuliert, sondern sozusagen vorausberechnet. Denn dass man sich, wenn man einen Nachmittag lang konsequent Kaugummis in sich hineinfrisst, irgendwann nicht

125

mehr unbeschwert wie ein Vögelchen im Frühjahr fühlt, ist klar.

Markus sagte also ernst und ruhig zu seiner Mutter: »Ich fürchte, ich muss ins Krankenhaus.«

»Wieso?«, fragte sie, zugleich überrascht, besorgt und vielleicht in diesem Moment noch ein wenig belustigt.

»Ich habe ungefähr fünfzig Kaugummis verschluckt«, erläuterte er.

»Du hast was?!«

»Fünfzig Kaugummis runtergeschluckt«, wiederholte Markus geduldig und dachte kurz nach. »Vielleicht auch sechzig«, sagte er dann. »Alle möglichen Sorten: Superblase, diese bunten runden Kugeln, weißt du, Megastreifen, das sind diese großen, rosa geribbelten, aber auch diese Minzdinger, die für die Zähne gut sind, und...«

»Sag mal, geht's dir noch gut?«, fragte seine Mutter.

»Nein«, erwiderte er. »Das ist es doch. Womöglich ist auch eins von den Dingern im Blinddarm gelandet und kommt da nicht mehr raus. Ich muss wohl sofort ins Kran...«

»Ich meine, ob du verrückt geworden bist?!«, unterbrach seine Mutter ihn wütend. »Was ist das für ein Blödsinn? Wieso verschluckst du fünfzig Kaugummis?!«

»Ich wusste nicht, wohin sonst damit«, sagte Markus schulterzuckend.

»Du wusstest nicht, wohin damit?!«, schnaubte seine Mutter. »Da hört sich doch wohl alles auf!«

Eine halbe Stunde später lag Markus erbärmlich früh im Bett. Zuvor hatte seine Mutter mit dem Hausarzt telefoniert und das Ergebnis lautete, dass Markus weit davon entfernt war, ins Krankenhaus zu müssen.

»Vielleicht wird er ein paar Tage Verstopfung haben«, hatte der Arzt gesagt. »Dagegen können wir ihm dann was geben.«

Daraufhin hatte die Mutter Markus wütend in die Federn gescheucht, einen Eimer für den Fall bereitgestellt, dass die Kaugummis plötzlich den Weg nach oben wählen sollten, und das war's.

Na prima. Draußen war's noch hell, Markus langweilte sich elendig und ihm war nicht mal richtig schlecht. Die Aktion hatte sich als kompletter Fehlschlag erwiesen.

»Ihr seht euch ja überhaupt nicht ähnlich«, sagten viele Leute ungläubig und enttäuscht, wenn sie erfuhren, dass Markus und Anne Zwillinge waren. Die beiden zuckten dann mit den Schultern. Sie hatten keine Lust zu erklären, wieso sie verschieden aussahen und trotzdem ein echtes Zwillingspaar waren.

Einmal war ein Junge in ihrem Alter auf dem Schulhof so empört über diesen in seinen Augen völlig unglaub-

würdigen Sachverhalt, dass er sich mit Markus schlagen wollte, wenn der seine lächerliche Zwillingsbehauptung nicht sofort zurücknähme.

Markus nahm sie nicht zurück und der andere ging auf ihn los. Pech für ihn. Wer sich mit Zwillingen anlegt, muss damit rechnen, dass er es mit zweien zu tun bekommt. Und auch, wenn man's ihr nicht ansah: Mit Anne war nicht zu spaßen.

Anne war klein und Markus war groß.

Anne war dunkelhaarig und Markus war blond.

Anne hatte grüngraue Augen und Markus blaue.

Anne hatte ein schmales, längliches Gesicht, so Richtung Neumond, während Markus' Kopf einen rundlichen, vollmondähnlichen Anblick bot.

Und so weiter und so weiter.

Wahrscheinlich kamen, was Markus' und Annes Zwillingsdasein anging, aus diesen Gründen viele nicht mit. Alle, die sich Zwillinge nur als doppeltes Lottchen vorstellen können.

»Wie geht's dir?«, fragte Markus.

»Gut«, sagte Anne. In dem riesigen Bett mit Rollfüßen und blitzendem Aluminiumrahmen sah sie winzig aus und ihr blasses Gesicht wirkte noch schmaler als sonst.

Der einzige Lichtblick, der Markus in diesem Moment

einfiel, bestand darin, dass das Krankenhaus so nah war, dass er Anne jeden Tag besuchen konnte, auch ohne seine Eltern.

Das Mädchen neben seiner Schwester, das ein paar Jahre älter war als Anne und er, guckte wie immer Fernsehen in einer Tonlautstärke für Leute, die was an den Ohren haben.

»Aber Milchschnitte ist doch keine Süßigkeit!«, brüllte eine nette Frau vom Bildschirm zu ihnen herunter. »Milchschnitte ist die Extraportion Milch!«

»Ist der Nachtisch besser geworden?«, fragte Markus.

Anne schüttelte den Kopf.

»Milchschnitte, die Extraportion Milch für mich«, schrie ein gut angezogenes, nett frisiertes Kind.

»David musste heute in Mathe an die Tafel«, erzählte Markus. »Ich kann dir sagen, der hat vielleicht geschwitzt...«

»Willkommen bei Ford!«, donnerte ein als Nachrichtensprecher verkleideter Reklamemacher.

»Hatte er denn seine Hausaufgaben gemacht?«, fragte Anne.

»Natürlich nicht, deswegen musste er ja nach vorn.«

»Ich seh ihn vor mir«, sagte Anne und kicherte.

»Wie ist das eigentlich so ohne Blinddarm?«, erkundigte sich Markus zum wiederholten Mal.

»Ich merk gar nicht, dass was fehlt«, sagte Anne.

»Ford, die tun was!«, jubelte die schicke Partnerin des Pseudo-Nachrichtensprechers.

»Könntest du den Fernseher bitte mal etwas leiser stellen?«, fragte Markus das Mädchen neben Anne.

»Ist das hier dein Zuhause, oder wieso glaubst du, dass du hier was zu melden hast?!«, meckerte sie.

Anne lächelte nachsichtig, als Markus wütend ihren Blick suchte.

»Lass sie doch«, sagte Anne. »Die ist doch ganz allein.«

Wenn Markus nach seinen Besuchen bei Anne das Gebäude wieder verließ, rannte er immer fast durch die Gänge um so schnell wie möglich wieder draußen zu sein. Um das Frösteln in den spiegelblanken, nach Medizin riechenden Fluren hinter sich zu lassen. Auch die weißen Kittel, die vorbeiwehten wie kalte Windstöße und einen dazu brachten, sich die Jacke zuzuknöpfen. Um den hässlichen Betten, den Bettpfannen und Pinkelflaschen, den seltsamen Gerüchen, den fensterlosen Gängen, den fremden Leuten in den Zimmern, den Gipsarmen in Bademänteln zu entkommen.

Er war unglaublich froh, wenn er diesen Laden wieder verließ. Und zugleich fühlte er sich seltsam schuldig. Denn Anne war drin und er war draußen. Ihr Blinddarm

hatte sich entzündet und seinem ging's prächtig. Sie musste sich den ganzen Tag von der Ziege nebenan die Ohren voll dröhnen lassen und er konnte die Tür zu seinem Zimmer zumachen und ungestört lesen.

Markus schoss durch den Hauptausgang nach draußen und sprang auf einmal die fünf Stufen hinunter, die den Eingangsbereich mit dem angrenzenden Weg verbanden.

»Vorsicht, Junge!«, rief ein älterer Herr. »Immer mit der Ruhe! Sonst brichst du dir noch was und dann...«

Er machte eine bedeutungsvolle Pause.

Markus sah ihn an.

»...musst du hier bleiben«, vervollständigte der Mann seinen Satz. »Und das wollen wir vermeiden, oder?« Mit diesen Worten verschwand er im Gebäude.

Markus blieb für eine kleine Weile genau dort stehen, wo er gelandet war. Dann kehrte er um und setzte sich langsam in Bewegung. Er stieg erneut die fünf Stufen hoch, nahm einen kurzen Anlauf und hielt inne.

Wozu überhaupt anlaufen? Er stellte sich direkt an die Kante der ersten Stufe und schaute hinunter. Das war allerdings nicht ohne, so ganz ohne Anlauf, das konnte schon ganz gut klappen, also schief gehen.

Aber was wäre, wenn er auf der Kante der letzten Stufe landete? Vielleicht würde da alles Mögliche derar-

tig brechen und aufschürfen und reißen und überdeh-
nen, dass es gar nicht wieder zu reparieren wäre!

Das wäre äußerst blöd. Am Ende würde er gar noch
anschließend mit dem Hinterkopf auf eine weitere Stufe
knallen, einen schweren Hirnschaden erleiden und sich
nicht mehr erinnern, wer er war und dass er überhaupt
eine Zwillingsschwester hatte.

Hm.

Vielleicht reichten sicherheitshalber auch erst mal eine
starke Knöchelverstauchung oder so was wie ein ange-
brochener Zeh? Vor nicht langer Zeit hatte Markus einmal eine angebrochene Hand gehabt. Die hatte ganz
schön wehgetan, aber nur zwei Tage lang. Dann war sie
geschient worden, er hatte wochenlang einen mächtigen,
eindrucksvollen Verband, eine gute Entschuldigung für
alles Mögliche und ansonsten seine Ruhe gehabt. Keine
schlechte Sache, allerdings hatte sie nicht ausgereicht um
ins Krankenhaus zu kommen. Zum Glück, hatte er damals natürlich gedacht.

Die Schwierigkeit bestand darin, etwas zu finden, was
einerseits nicht zu gefährlich war, andererseits aber aus-
reichte um eingeliefert zu werden und eine Weile bei
Anne zu bleiben.

Nach einiger Überlegung entschied Markus sich
schließlich für einen kurzen Anlauf. Er wollte die fünf

Stufen sicher überspringen, aber dann nur auf dem rechten Fuß landen um eine mittelschwere Verstauchung zu erreichen.

Als er wieder zu Hause war, wusste er genau, dass sein Plan niemals klappen würde. Er war fünfmal gesprungen und immer auf beiden Beinen gelandet. Dann hatte ihn der Pförtner verscheucht: »Das ist hier kein Spielplatz, klar!«

Spielplatz, pah!

Auf dem Weg zurück hatte Markus sich fest vorgenommen böse über einen hohen Bordstein zu stolpern. Vergeblich, er fing sich immer wieder, ob er wollte oder nicht. In einem Gully hängen zu bleiben erwies sich als absolut harmlos, wenn man's vorher schon wusste. Er brachte es nicht einmal fertig, so gegen eine Mauer oder Wand zu treten, dass er sich dabei einen Zeh anknackste.

Markus machte sich Vorwürfe. Er konnte sich einfach nicht absichtlich in einen Unfall verwickeln.

»Ihr wollt Zwillinge sein?«, fragte das Mädchen im Bett neben Anne ohne den Blick vom Fernseher zu wenden. Die Musik eines Videoclips dröhnte durch das Krankenhauszimmer.

»Wir sind zweieiig«, sagte Anne.

»Zweieiig?«, wiederholte das Mädchen und zog das

Wort in die Länge wie einen Expander. »Ist das was Schlimmes?«

»Es ist furchtbar«, sagte Anne und rollte wild mit den Augen, aber das sah ihre Nachbarin nicht.

»Zieht ihr euch denn wenigstens gleich an?«, fragte sie.

»Soll ich vielleicht im Schlafanzug hierher kommen?«, fragte Markus, der wie immer bei seinen Besuchen auf dem Rand von Annes Bett saß.

Den Tick mit der gleichen Kleidung hatten Anne und Markus nicht lange aushalten müssen, denn er wirkte schon früh in ihrem Leben einfach nur ziemlich dämlich. Ein großer, blonder, blauäugiger Junge, der in genau die gleichen Klamotten verpackt ist wie seine kleine, dunkelhaarige, grüngrauäugige Schwester – so ein Anblick löst kein Entzücken, sondern nur Peinlichkeit aus.

Markus fühlte auch ohne Uniform eine Gemeinschaft mit seiner Zwillingsschwester, die ohne Worte auskam. Sein Verbundenheitsgefühl ging weit und es konnte zu seltsamen Ergebnissen führen.

»Nee, das mach ich nicht«, sagte Jochen.

»Tu's für mich«, sagte Markus.

Jochen schüttelte den Kopf. »Du spinnst doch.«

»Du verstehst das bloß nicht.«

Sie waren auf einem Spielplatz mit mehreren großen

Holzgeräten. Markus stand auf dem obersten Geländer
eines Schiffes und hielt sich mit einer Hand an der Fah-
nenstange fest. Zwei Meter über ihm flatterte eine To-
tenkopfflagge, drei bis vier Meter unter ihm wartete jede
Menge Sand. Markus zeigte hinunter.

»Da kann doch gar nichts passieren!«

»Na, dann spring doch.«

»Ich trau mich aber nicht!«, rief Markus. »Kapier das
doch! Ich bring's einfach nicht fertig.«

»Und ich schubs doch nicht meinen Freund«, sagte Jochen.

»Aber dein Freund bittet dich darum!«

»Mein Freund hat eine Schacke.«

»Es ist doch sowieso nur eine Probe!«

»Dann ist es besonders bescheuert, dass ich nachhelfen
soll«, sagte Jochen verdrießlich.

Markus war so in das Gespräch vertieft, dass er plötzlich mit beiden Händen gestikulierte ohne zu bemerken,
dass er nun freihändig auf dem Geländer balancierte.

»Ich bring es nicht, da runterzuspringen, verstehst du!
Ich hab zu viel Angst!«

»Aber du hältst dich doch nicht mal mehr fest«, sagte
Jochen beiläufig.

»Was? Ooooh!« Markus fing an zu schwanken wie ein
Birkensämling im Wind.

»Nicht noch mal festhalten«, schrie Jochen. »Springen!«

Markus vollführte auf dem Geländer seltsame Verrenkungen. Einen Moment lang sah es so aus, als würde er statt in den Sand auf die Holzplattform plumpsen, und Jochen änderte mit einem Stubser gegen Markus' Hüfte die Richtung.

»Aaah!«

Von einem hellen Schrei begleitet ging's abwärts und eine Sekunde später lag Markus unten im Sand. Jochen beugte sich kurz übers Geländer, dann sprang er mit einem eleganten Schwung hinterher.

»Na, wie war's?«

»Voll gut war das!« Markus lachte seinem Freund entgegen. »Echt cool! Jetzt mach's ich's noch mal ohne dich.«

»Pass aber auf, dass du nicht in die falsche Richtung springst«, sagte Jochen.

»Ja, genau!«, rief Markus. »Danach kommt der Ernstfall!«

Jochen zeigte ihm einen Vogel.

»Wenn das mal gut geht«, murmelte er, als sie später auf dem Garagendach standen und hinunterguckten. Die Höhe war etwa dieselbe wie auf dem Spielplatz, aber un-

ten war kein Sand, sondern ein asphaltierter Hof. »Zum letzten Mal: Lass den Quatsch!«

»Los!« Markus stand an der Kante und ruderte mit den Armen wie ein Spatz, der seine kurzen Flügel spreizt. »Mach schon!«

»Nein«, sagte Jochen. »Ich mach nix.«

»Dann bist du nicht mehr mein Freund«, rief Markus und sprang wortlos in die Tiefe. Er landete mehr oder weniger auf den Füßen, wurde jedoch von der Wucht des Aufpralls nach vorne gerissen, stützte sich automatisch mit den Händen ab und schrie auf.

Jochen zuckte zusammen. Er drehte sich um und ließ sich blitzschnell rücklings von der Garage herunter, wobei er sich mit den Händen an der Dachkante festhielt. Als er lang vor dem Garagentor hing wie an einer Reckstange, ließ er los, landete glatt und schon war er neben Markus.

Der zeigte mit schmerzverzerrtem Gesicht seine aufgeschürften Hände. »Das tut vielleicht weh!« Wütend setzte er hinzu: »Aber fürs Krankenhaus reicht das nie und nimmer.«

Jochen war genauso verärgert wie erleichtert. Er ließ Markus sitzen und ging wortlos über den Hof davon.

Als am Abend das Telefon klingelte und sein Vater »Jochen, für dich!« rief, wusste er, wer dran war.

»Tut mir Leid«, sagte Markus. »Entschuldigung. Ich bin ein Idiot.«

»Das stimmt«, sagte Jochen. Auf der anderen Seite war Schweigen. Nach einer längeren Pause fragte Jochen: »Wie geht's Anne?«

»Schon wieder besser. Aber sie muss noch eine Weile drinbleiben.«

»Wie fing das eigentlich an mit ihrem Blinddarm?«, erkundigte sich Jochen.

»Bauchschmerzen.«

»Ganz normale?«

»Na ja, nee, so welche, wo man erst nicht so genau weiß, wo sie herkommen. Unklare Beschwerden, sagte der Arzt am Anfang.«

»Wo ist der denn, der Blinddarm?«

»Irgendwo über der linken Leiste, glaub ich.«

»Und?«, fragte Jochen.

»Wie, und?«

»Und dir tut da nichts weh? So unklare Beschwerden?«

»Lass mich mal überlegen«, sagte Markus. Und nach einer kurzen Pause: »Danke, dass du mich gefragt hast.«

»Na klar«, sagte Jochen. »Ich denk doch an dich.«

Markus' Bauchschmerzen blieben unklar, erwiesen sich aber als hartnäckig. So hartnäckig, dass sie Markus genau in dem Moment überraschten, als er die Schauspielgeduld verlor. Ausgerechnet an dem Tag, an dem Anne aus dem Krankenhaus entlassen wurde, kam er rein.

Sie liefen aneinander vorbei, jeweils mit ihrem Bündel unter dem Arm. Für ihre Mutter war es ein Weg.

Anne gab Markus einen Kuss. »Alles in Ordnung?«, fragte sie. Und Markus sah an ihrem Gesicht, dass sie nicht wusste, ob sie sich freuen sollte, dass sie rauskam, oder traurig sein, weil er reinmusste.

»Alles in Ordnung«, sagte Markus. »Nur am Timing muss ich noch arbeiten«.

Marjaleena Lembcke-Heiskanen

Traumköpfe im See

In den Sommerferien verbrachten wir immer ein paar Wochen in der Blockhütte meiner Großeltern an einem kleinen See. Eines Tages, als ich am Ufer entlangschlenderte und gerade außerhalb des Grundstücks war, das meinen Großeltern gehörte, entdeckte ich einen Felsen. Er war glatt und flach und in der Mitte befand sich eine tiefe Kuhle. Der Felsen reichte bis ins Wasser und um ihn herum wuchs Schilf. Über den Felsen hingen schützend die Zweige einer Birke.

Dies ist mein Felsen, dachte ich. Hier kann ich sitzen, liegen und träumen. Hier habe ich meine Ruhe. Ich legte mich auf den Felsen und schloss die Augen.

Ich war wohl ein wenig eingedöst, denn ich erschrak sehr, als ich plötzlich ein Rascheln und Poltern aus dem Wald hörte. Ich dachte sofort an einen Bären. In dieser Gegend musste ich einfach an einen Bären denken, wenn ich Geräusche aus dem Wald hörte, denn es gab hier Bären. Zwar hatten weder Großmutter noch Großvater bisher einen Bären hier gesehen, aber in ihrer Regionalzeitung waren einmal Bärenspuren abgebildet gewesen. Ein Bär war über ein Kartof-

felfeld gestampft. Wohl nachts, weil niemand ihn gesehen hatte, aber die Spuren waren da, und wo es Spuren von Bärentatzen gab, da musste es auch Bären geben.

Mein Herz klopfte und ich überlegte, ob ich ins Wasser springen sollte. Aber Bären können auch schwimmen! Großmutter sagte immer, man sollte sich tot stellen. Ich hielt trotz der Angst die Augen geschlossen und versuchte tot auszusehen.

Und dann hörte ich eine Stimme: »Was machst du? Pennst du?«

Bären können vielleicht schwimmen, aber sprechen können sie nicht. Ich öffnete die Augen. Neben dem Felsen stand ein etwa zwölfjähriger Junge. Er war in meinem Alter. Der Junge stand breitbeinig neben dem Felsen und sah frech aus.

»Was machst du hier?«, fragte er noch mal, als glaubte er, ich hätte ihn nicht verstanden.

»Ich träume«, sagte ich.

Er spuckte auf die Erde und meinte: »Kannst irgendwo anders träumen. Dies ist mein Stein.«

»Steht aber kein Name dran!«

»Ist aber so!«

»Wieso?«

»Weil der Stein auf unserem Grundstück liegt!«

»Es ist kein Stein, sondern ein Felsen.«

»Es ist ein großer Stein und der gehört mir.«

»Der wird ja nicht abgenutzt, wenn ich einen Augenblick darauf liege«, sagte ich.

»Zufällig will ich drauf liegen«, sagte er. »Aber wenn du ihn haben willst, kannst du ihn ja kaufen!«

»Meinst du, ich hab ein Portemonnaie im Wald dabei?«

»Du lebst ja nicht immer im Wald, irgendwo wirst du wohl Geld haben!«

»Ich habe kein Geld«, sagte ich. »Aber ich habe Schokolade zu Hause.«

»Was für Schokolade?«, fragte er.

»Eine Familientafel Fazer Haselnussschokolade!«

»Zweihundert Gramm?«, fragte er.

Ich nickte.

»Gut«, sagte er, »hol die!«

Ich holte sie.

»Aber du lässt dich hier nicht mehr blicken«, sagte ich, als ich ihm schweren Herzens die Schokolade gab. »Der Felsen gehört jetzt mir!«

»Klar gehört er dir«, sagte der Junge und grinste. »Ich bin nur zufällig vorbeigekommen, ich bin sonst nie hier. Wir haben Steine genug. Und unser Sommerhaus ist auf der anderen Seite des Sees.«

»Dann gehört der Felsen gar nicht dir!«, rief ich. »Gib mir die Schokolade sofort zurück.«

»Zu spät!« Der Junge grinste prahlerisch und sah mich an, als ob ich ein Dummkopf sei, dem er gerade einen stummen Wachhund verkauft hatte.

»Ich will dich hier nie wieder sehen!«, rief ich.

»Du kannst mich mit dem Boot besuchen«, sagte er. »Direkt gegenüber eurem Sommerplatz, einfach über den See rudern. Ich helfe dir auch aus dem Boot!«

»Ich brauche deine Hilfe nicht!«

»Mädchen brauchen immer Hilfe!«, sagte er, gackerte vergnügt und verschwand.

Ich ging jeden Tag zu meinem Felsen. Der Junge ließ sich nicht mehr blicken. Ein Glück!, dachte ich.

Aber ein paar Tage später dachte ich, dass es vielleicht ein noch größeres Glück wäre, wenn er doch wieder vorbeikäme. Ich fing an von dem Jungen zu träumen. Was wir zusammen reden würden, was für Abenteuer wir zusammen erleben würden. Wie wir zusammen über den See schwammen und durch die Wälder streunten. Wie er mich vor einem Bären rettete. Immer öfter träumte ich von dem Jungen, wenn ich auf dem Felsen lag. Aber der Junge kam nicht.

Dafür kam meine kleine Schwester, Anita. Anita

besuchte mich jeden Tag auf dem Felsen. Ich war sauer, als ich sie kommen hörte. Ich wollte meine Ruhe haben.

Sie hockte sich neben den Felsen, stocherte mit einem Stock in der Erde und fragte: »Kann ich zu dir auf den Stein kommen.«

»Nein«, sagte ich. »Und dies ist nicht irgendein Stein, dieser Stein ist ein Felsen.«

»Kann ich denn auf den Felsen kommen?«

»Nein«, sagte ich.

Sie blieb neben dem Felsen sitzen und nach einiger Zeit zeigte sie auf den Himmel und sagte: »Ein Engel!«

Ich ließ die Augen geschlossen und machte ein gelangweiltes: »Hmm...«

»Da ist ein Mann mit einem Pferd«, sagte sie.

Ich antwortete nicht. Ich wusste, dass sie über die Wolken sprach.

»Jetzt sehe ich zwei Riesen! Der eine Riese ist noch riesiger als der andere Riese! Es ist wirklich ein riesiger Riese. Guck doch!«

Aber ich guckte nicht. Ich dachte, wenn ich jetzt weich werde, kommt sie jeden Tag auf den Felsen und ich muss mit ihr Wolkenspiele machen und über jeden Wurm, der vorbeikriecht, eine Geschichte erzählen. Und das wollte ich nicht.

Ich antwortete auf keine ihrer Fragen und die Augen öffnete ich auch nicht. Nach einiger Zeit, die mir sehr lang vorkam, sagte sie: »Ich gehe jetzt zu Großmutter.«

»Gut«, sagte ich.

»Soll ich dir etwas bringen? Einen Keks?«, fragte sie mit einer dünnen Stimme.

»Nein«, sagte ich. »Ich habe alles, was ich brauche!«

Am nächsten Tag kam sie wieder. Sie hockte sich neben den Felsen und sagte: »Dein Felsen ist schön. Ist er auch ganz warm?«

»Sehr warm!«, sagte ich ohne die Augen zu öffnen.

»Soll ich dich etwas fragen?«, fragte sie.

»Nein!«

»Warum nicht?«

»Weil ich meine Ruhe haben will. Ich will träumen!«

»Was ist das?«, fragte sie.

Ich öffnete die Augen. »Was Träumen ist? Kennst du kein Träumen?«

»Ich glaube nicht«, sagte sie etwas unsicher.

»Du kennst wohl Träumen!«

»Ich weiß nicht.«

»Du möchtest doch bestimmt etwas?«

»Was möchte ich?«, fragte sie.

»Woher soll ich das wissen? Du möchtest zum Beispiel mit mir auf den Felsen, oder nicht?«

»Ja, darf ich?«

»Nein«, rief ich. »Aber das ist Träumen. Du denkst daran, dass du gerne auf den Felsen möchtest, und das nennt man Träumen.«

»Ich könnte darauf klettern«, sagte sie.

»Kannst du nicht! Und deswegen bleibt es ein Traum.«

»Tut das denn weh?«, fragte sie.

»Was?«, fragte ich.

»Das Träumen?«

»Ich habe keine Lust mehr, dir Sachen zu erklären, die du nicht kapieren kannst, weil du einfach zu klein bist. Geh zur Großmutter oder zum Großvater oder zur Mutter oder zum Vater!«

»Ich will aber zu dir«, sagte sie und ihre Unterlippe zitterte ein wenig.

»Warum willst du zu mir?«

»Weil du ein Kind bist«, sagte sie.

»Nicht so ein kleines Kind wie du«, sagte ich.

Sie stand auf und ging.

Ich fühlte mich nicht mehr sehr wohl auf dem Felsen. Ich wälzte mich in der Sonne von der linken auf die rechte Seite und von der rechten auf die linke Seite, legte mich auf den Rücken und auf den Bauch und versuchte mich an meine unterbrochene Träumerei zu erinnern. In meinem Traum trug ich ein sehr teures Kleid zu meiner

146

Geburtstagsfete, viele Kinder aus meiner Klasse waren eingeladen und auch der Junge von der anderen Seite des Sees war da. Aber die Traumbilder waren verschwunden, als hätte meine kleine Schwester das Kleid, die Gäste und den Jungen mitgenommen.

Am nächsten Tag kam Anita nicht zum Felsen. Ich wartete eine Stunde und dann ging ich sie holen.

Ihr Gesicht strahlte: »Soll ich eine Decke mitnehmen? Falls es plötzlich kalt wird. Kann ich meine Puppe auch mitnehmen? Sollen wir Kuchen mitnehmen?«

Wir nahmen alles mit und wir hatten beide reichlich Platz auf dem Felsen. Sie plapperte und erzählte ihrer Puppe, wie sehr, sehr glücklich sie sei auf dem Felsen.

Ich spielte mit ihr und es wurde ein schöner Tag, aber am Abend sagte ich zu ihr: »Morgen will ich aber auf dem Felsen allein sein.«

Sie nickte verständnisvoll und sagte: »Wegen der Träume.«

Am nächsten Tag hatte sie meine Träume bereits vergessen und ich hatte mich kaum hingelegt, als sie schon mit ihrer Puppe neben dem Stein stand und sagte: »Ich bin dich besuchen gekommen.«

»Das sehe ich«, sagte ich. »Aber heute habe ich keine Lust auf kleine Raupen!«

Sie seufzte, setzte sich und zog ihre Puppe aus. Sie

badete die Puppe im See und fragte dann: »Kann ich dein Handtuch haben. Meine Puppe ist nass.«

»Nein«, sagte ich.

Sie trocknete die Puppe mit ihrem T-Shirt ab und zog sie wieder an, setzte sie auf einen Mooshügel und sagte: »Die Puppe ist so anstrengend. Immer will sie mit mir kommen. Überallhin.«

»Nimm sie doch einfach nicht mit«, sagte ich.

»Aber dann weint sie«, sagte Anita.

»Na und«, sagte ich. »Lass sie weinen!«

»Das kann ich nicht«, sagte Anita. »Sie ist so klein.«

Ich sah meine kleine Schwester an. »Komm rauf, du kleine gute Puppenfee«, sagte ich und reichte ihr beide Hände.

Ich hielt sie einen Augenblick fest. Sie stand zwischen der Sonne und mir und war so nah, dass sie größer wirkte als alles andere um mich herum.

»Du bist riesig. Dein Kopf reicht bis zum Himmel und deine Schultern sind höher als die Bäume des Waldes auf der anderen Seite des Sees«, sagte ich zu ihr.

»Du lügst!«, sagte sie und kicherte. »Ich bin doch nicht groß.«

»Doch«, sagte ich. »Du bist die größte kleine Schwester auf der Welt.«

Wir lagen auf dem Bauch auf dem Felsen und ließen

unsere Köpfe über den Stein hängen. Unsere Köpfe spiegelten sich im Wasser wider und waren von den Wolken des Himmels umgeben. Die Fische schwammen in unsere Köpfe hinein und wieder hinaus. Bäume und Schilf wuchsen aus unseren Haaren. Als eine kleine Welle kam, verschwanden unsere Köpfe, die Bäume, das Schilf und die Wolken. Nur die Fische schwammen weiter.

»Wo sind unsere Wasserköpfe geblieben?«, fragte Anita.

»Wir haben keine Wasserköpfe!«

»Vielleicht sind es die Traumköpfe, weil wir jetzt beide auf dem Felsen sind, und das haben wir uns ja gewünscht!«, sagte meine Schwester.

Ich lachte. »Das, was wir im Wasser sehen, ist nur das Spiegelbild unserer richtigen Köpfe. Die Spiegelbilder sieht man nur, wenn das Wasser ganz still ist. Wenn etwas Wind und Wellen kommen, kann man sie nicht mehr sehen«, erklärte ich.

Sie nickte und sagte: »Und wenn der Wind weg ist, kommen die Traum- und Wasserköpfe wieder.«

»Du bist ein Traum- und Wasserkopf!«, sagte ich.

»Jetzt sind die zweiten Köpfe wieder da!«, rief Anita. Und wir schauten wieder gebannt zu, wie die Fische in unseren Köpfen ein und aus gingen, wie die Bäume und das Schilf aus unseren Haaren wuchsen. Einen Augen-

blick stellte ich mir vor, der Junge von der anderen Seite des Sees würde neben mir liegen und unsere Köpfe würden sich im Wasser spiegeln. Ich seufzte und Anita fragte: »Was hast du?«

»Ich habe Hunger!«, sagte ich.

Sie kletterte vom Felsen herunter und sagte: »Ich hole dir ein paar Kekse. Ich bin gleich wieder da.«

Andreas Steinhöfel

Bruders Hüter

Sie waren ihm bereits im Bus aufgefallen. Aber erst am
Morgen nach der Ankunft, im Waschraum des Ferienla-
gers, stellte Ulf fest, wie verschieden die beiden Brüder
wirklich voneinander waren. Oliver war groß für sein
Alter, ein echtes Nordgesicht mit blauen Augen, blass
und hellhäutig – so hellhäutig, dass Ulf beinahe meinte
durch ihn hindurch die Körper der anderen Jungen
wahrnehmen zu können. Lärmen und Lachen, Seifenge-
ruch, Wasserspritzer. Das Platschen nackter Füße auf
nassen Kacheln. Und dazwischen diese hohe, aufrechte,
transparente Säule: Oliver.

Der viel kleinere Hanuk hingegen sah ein wenig so
aus, als hätte man ihn als Baby irgendwann zu lange in
der Sonne liegen lassen. Das stellte Ulf sich in den folgenden Tagen tatsächlich oft vor: ein gebräuntes, ein fast
verbranntes Baby, das ungewollt, vergessen, vielleicht
ausgesetzt – *fortgeworfen* – unter sengender Hitze in der
Wüste liegt. Wo es erst nach Tagen von einem mitleidigen Menschen aufgesammelt wird. Das vor lauter
Schreck über dieses Erlebnis vergessen hat weiter zu
wachsen. Hanuk: dessen weit aufgerissene Augen das

Spiegelbild einer düster flackernden Sonne eingefangen hatten.

Keine äußere Ähnlichkeit also, und woher auch: Oliver und Hanuk waren Adoptivbrüder. Trotzdem brachte Ulf die beiden in Gedanken durcheinander. Anfangs vermutete er, das liege daran, dass er aus irgendwelchen Gründen bei dem Namen Oliver an einen schwarzhaarigen, bei dem Namen Hanuk aber an einen blonden Jungen denken musste. Dabei war es genau umgekehrt, war Oliver der Blonde, während Hanuk ... nun ja. Bei dem sahen selbst die Haare angebrannt aus.

Andere hatten dasselbe Problem.

Schließlich fand Ulf heraus, warum.

Da war der erste gemeinsame Abend am Lagerfeuer.

»Hey, Oliver!«

Eine Stimme aus dem weiten Rund, von irgendwoher, getragen von den Funken, die aus dem aufgescheiteten, lodernden Holz in den nächtlichen Himmel stoben. Und *beide* drehten sich um, sowohl Oliver als auch sein Bruder, und da sahen sie – die Gesichter halb beleuchtet vom Feuerschein, halb verborgen im Dunkel –, da sahen sie einander, bei allen Unterschieden, plötzlich doch auf beinahe gespenstische Weise ähnlich.

Drehten sich also beide um. Und das, bemerkte Ulf in den folgenden Tagen, war ein sich wiederholendes

Muster. Rief man nach einem der zwei Jungen, so reagierten sie ausnahmslos beide. Es war, als legte keiner von ihnen auf seinen eigenen Namen Wert. Es war, als wäre ein jeder von ihnen beide oder als wären sie beide nur einer.

»Hey, Oliver, gib mal noch 'ne Kartoffel.«

Beim Mittagessen.

Und es war Hanuk, der die Schüssel mit den Kartoffeln über den Tisch reichte. Oliver aß ganz ruhig weiter. Sah nicht einmal von seinem Teller auf.

Vierundfünfzig Kinder zählte Ulf, sich selbst mitgerechnet.

Vierundfünfzig Kinder, die sich auf sechs Betreuer verteilten, auf sechs große Zelte, auf sechs Tische, an denen die gemeinsamen Mahlzeiten eingenommen wurden.

Er hatte sich nur halbherzig dagegen gewehrt, ins Ferienlager geschickt zu werden. Hatte ein bisschen geschmollt, ein bisschen den Beleidigten gespielt und eigentlich nur aus einem einzigen Grund protestiert: Seine Eltern sollten glauben, dass er es tatsächlich als Strafe empfand, vom gemeinsamen Urlaub ausgeschlossen zu sein.

Türkische Riviera, hatte sein Vater vor Monaten ge-

tönt, begleitet vom Kopfschütteln der Mutter, die wusste, dass die echte Riviera ganz woanders lag.

Der Urlaub war schon geplant gewesen, lange bevor Ulf seine Schwester an den Füßen von dieser Nachtspeicherheizung gezerrt hatte. Dabei hatte Sabrina ihn nicht einmal wirklich geärgert. Hatte einfach nur auf der Heizung gesessen und ihn angeglotzt aus Augen, die drei Jahre jünger waren als seine eigenen, und ihn genervt mit ihrem Geglotze. Und da hatte er sie an den Füßen ergriffen und hatte sie gezogen und sie war geschlittert und hatte sich nirgends festhalten können und war runtergefallen, und es hatte geknackst, als ihr linkes Schlüsselbein brach: wie ein dürrer, vom Herbstwind aus den Bäumen gefegter Zweig knackst, auf den man beim Spazierengehen tritt.

Türkische Riviera. Da gab es blaues Wasser, immer stand die Sonne ganz hoch, heller Sandstrand, womöglich Muscheln und vielleicht sogar Palmen. Gab es Palmen an der türkischen Riviera?

Schon bevor dieses Knacksen erklang – als Sabrina fiel, noch irgendwo zwischen Himmel und Erde hing, ihn aus weit aufgerissenen Augen nicht mehr anglotzte, sondern *anstarrte* –, schon in diesem Moment hatte Ulf blitzschnell überlegt, wie er behaupten werde, das sei eben einfach so passiert. Es tue ihm Leid, wirklich. Er

154

habe nicht richtig aufgepasst. Aber natürlich hatte Sabrina ihm einen Strich durch die Rechnung gemacht und ihn verpetzt. Was man ihr kaum verübeln konnte: Die Schulter tat weh, der Verband kratzte so schrecklich, beschwerte sie sich. Und trotzdem... Er war froh, dass er sie los war, wenigstens für diese drei Wochen. Drei Wochen ohne Aufpassen.

Türkische Riviera. Dafür hatten seine Eltern ganz schön geknapst und gespart, das ganze letzte Jahr über, weil sie nicht reich waren.

Ulf wusste, dass viele der im Ferienlager versammelten Kinder aus *sozial schwachen* Familien stammten, die sich einen teuren Urlaub nicht leisten konnten. *Sozial schwach* war ein Wort, über das die meisten Betreuer sich ärgerten. Einer von ihnen, Pepe mit den langen, ewig verwuschelten Haaren, hatte neulich gesagt, unter *sozial stark* dürfe man dann wohl verstehen, wenn ein Arbeitsloser sich einen Job mit der Waffe erkämpft, oder was?

Aber Oliver und Hanuk konnten unmöglich aus einer armen Familie stammen. Oder doch? Ihre Kleidung war nichts sagend, konnte ebenso gut teuer wie billig sein. Adoptierten auch arme Leute Kinder, vielleicht deshalb, weil die noch ärmer dran waren als sie selbst? Gab es Menschen, die Armut vielleicht anders maßen: nicht an

155

Geld, sondern an Zuwendung? Hatten vielleicht die Eltern dieser Jungen, bevor sie Hanuk bei sich aufnahmen, genau wie Ulf an ein fortgeworfenes Kind denken müssen, das irgendwo auf dieser Welt langsam in der Sonne verbrutzelte, und hatten sie Hanuk gerade noch rechtzeitig adoptiert, bevor er ganz schwarz werden konnte? Konnte man ein fremdes Kind so sehr lieben?

Sie gruben knietiefe Löcher in den von der Ebbe feucht zurückgelassenen Sand und warfen Quallen hinein, die sie aus der Dünung fischten. Die Gruben wurden mit strohhalmdünnen Stöckchen abgedeckt, Sand darauf geschichtet, der wurde vorsichtig, ganz vorsichtig festgeklopft. Dann gingen sie in Lauerstellung, warteten, warteten, immer in der Hoffnung, ein Betreuer möge in eine der Gruben einbrechen, bis zu den Knöcheln in dem gallertartigen Brei versinken, sein erschreckter Schrei von dem so errungenen Triumph der Kleinen über die Großen künden. Mal klappte es und der Plan ging auf, meist aber klappte es nicht: Oft genug traten die Jungen dann, der Warterei überdrüssig, selbst in die Gruben, johlend vor Vergnügen, heimlich erschauernd vor Ekel.

Oliver war entschlossener, draufgängerischer als Hanuk, stellte Ulf bei diesen Gelegenheiten fest. Oder bildete es sich zumindest ein, denn er fand kein rechtes

Maß für diesen Unterschied, den einzigen, den er zwischen den zwei Brüdern auszumachen glaubte – ein Millimeter schneller, eine Sekunde lauter, ein Gramm unvorsichtiger?

»Hey!«, schrie Oliver.

Landete im Quallenmatsch, landete zwischen zerbrochenen Stöckchen.

»Hey!«, befand Hanuk sich ein Millisekundengramm darauf an der Seite seines Bruders, obwohl das Loch, die Falle, eigentlich nur Platz für einen bot. Da standen sie, dicht an dicht in der blendenden Sonne, im Wind, der sanft über die Dünen strich, halb Vollmilch, halb Bitter, dachte Ulf. Standen nebeneinander, lachten alle beide, der eine sein helles, der andere sein dunkles Lachen, waren zwei und sahen doch wieder aus wie einer.

Ulf zuckte die Achseln. Er starrte die Kette um Pepes Hals an, die, na ja, keine richtige Kette war, sondern ein schnürsenkelfeiner Riemen aus Leder. Ein Stein hing daran, ganz rosig, groß wie eine Walnuss und mit einem Loch, durch das der Riemen gefädelt war. Er hätte ihn gern berührt, diesen Stein, ihn gern mal angefasst. Aber Pepe wollte wissen, warum er Sabrina von der Heizung gezerrt hatte. Pepe sah ihn abwartend an, halb desinteressiert, halb lauernd, und jetzt stand diese Frage zwi-

schen ihnen, da war an ein Berühren des Steins nicht zu denken. Eigentlich sollte er Pepe dafür hassen. Aber von allen Betreuern war Pepe ihm der liebste.

Liebste, lieber.

Liebster, liebe.

Sie haben sie lieber als mich. Sie darf viel mehr, ihr lassen sie alles durchgehen. Immer muss ich mich um sie kümmern und trotzdem haben sie Sabrina lieber als mich.

Ulf schwieg.

Pepe fragte ihn, ob es ihm Leid tat.

Ulf schüttelte den Kopf, nein.

Der Kloß in seinem Hals würgte fürchterlich und wollte sich nicht herunterschlucken lassen, außerdem brannte da etwas hinter seinen Augen. Also fasste er sich an den Hals, rieb sich mit beiden Handrücken langsam übers Gesicht, als wäre er schrecklich müde. Seine Beine wollten sich ganz von allein bewegen, ihn davontragen, diese unangenehmen Fragen hinter sich lassen, aber da lag er schon in Pepes Armen.

Tat es ihm Leid?

Er sah die Welt trübe und verwaschen, roch Pepes Geruch und den der See, vielleicht schmeckte er auch nur seine eigenen salzigen Tränen. Und er schüttelte noch immer den Kopf, schüttelte ihn trotzig hin und her, ja.

In den folgenden Tagen wurde ihm leichter ums Herz.

Manchmal ertappte er sich sogar bei dem Wunsch, Sabrina möge hier sein, hier bei ihm, damit er ihr alles zeigen konnte: den Strand und die Dünen und die Muscheln und die Quallenlöcher und die Sträucher, die alle seltsam schief standen, bezwungen vom nie verstummenden Küstenwind. Die großen Zelte würde er ihr zeigen, den Waschraum, die Werkstatt, wo sie T-Shirts mit festem Seil umwickelten und in Batikfarben tränkten, wo sie Marionettenköpfe aus Pappmaché fertigten und bemalten.

Doch was er ihr mehr als alles andere zeigen wollte, wovon er ihr erzählen würde, das war der Platz um das Lagerfeuer, wo sie abends alle beieinander saßen und sangen. Nicht irgendwelche Lieder, sondern Fahrtenlieder, die von den Betreuern angestimmt wurden und in denen es immer darum ging, auf Schiffen die Welt zu umsegeln, tosenden grauen Stürmen zu trotzen, sich nach der Heimat zu sehnen, einen sicheren Hafen zu suchen: *Wir lieben die Stürme, die brausenden Wogen, der eiskalten Winde raues Gesicht...*

Selbst die Schüchternsten konnten sich dem Zauber nicht entziehen, der von dem Gesang ausging; irgendwann fiel jeder in den hellen Chor der Kinderstimmen ein.

Dann, eines Abends...

...fragte Barbara, eine der Betreuerinnen, ob nicht jemand ein eigenes Lied vorzuschlagen habe. Hände legten sich vor Kindermünder, peinlich berührtes Gekicher klang auf, hoffentlich würde Barbara nicht auf einen von ihnen zeigen, nicht auf mich. Im Schutz der Gruppe ließ es sich gut singen, aber wer wollte sich schon vor allen anderen auf den Präsentierteller setzen?

Dann war da...

...eine magische Sekunde, in der kein Laut ertönte, in der die Betreuer sich nur lächelnd umsahen, in der alle Kinder erwartungsvoll in die Runde blickten – *jetzt geht ein Engel zwischen uns durch*, dachte Ulf. Und plötzlich erhoben sich aus der Stille zwei Jungenstimmen, zwei wie eine, warm und schwerelos wie ein Sonnenstrahl, dachte Ulf, und wunderbar süß, wie in frischer Milch gelöster Honig.

> *Weißt du, wie viel Sternlein stehen*
> *an dem blauen Himmelszelt?*
> *Weißt du, wie viel Wolken ziehen*
> *weithin über alle Welt?*
> *Gott der Herr hat sie gezählet,*
> *dass ihm auch nicht eine fehlet*
> *an der ganzen großen Zahl...*

Niemand lachte.

Barbara lehnte sich gegen Pepe und etwas musste ihr in die Augen geraten sein, Rauch vom Feuer vielleicht oder ein vom Wind herangetragenes, meerstrandfeines Sandkorn, denn anders konnte Ulf sich nicht erklären, dass diese erwachsene Frau plötzlich weinte.

Ihm fiel auf, dass man Oliver und Hanuk während der gesamten zwei Wochen nie schwimmen sah. Sie gruben lieber Quallenlöcher, gingen auf den Dünenkämmen spazieren oder brutzelten in der Sonne, ganz so, als wollte Oliver seine eigene Hautfarbe der des Bruders anpassen. Was ihm nie gelingen würde, entschied Ulf, denn auch Hanuk wurde brauner – schwärzer, eigentlich.

Aber schwimmen sah er sie nie.

Er hätte gern mit ihnen geredet. Doch da er sich schon seit dem ersten Tag im Lager von allen anderen abgesondert hatte und auch sonst mit niemandem sprach (nur mit Pepe unterhielt er sich oft, über Rosenquarz zum Beispiel, der seine Färbung einem chemischen Element namens Mangan verdankt, oder darüber, dass Quallen zu 98 Prozent aus Wasser bestehen), beschränkte er sich darauf, Oliver und Hanuk aus der Ferne zu beobachten. Wann immer er das tat, keimte der Wunsch in ihm auf, Sabrina gegen einen Bruder einzutauschen. Ein Bruder

wäre robuster als eine Schwester. Einen Bruder konnte man sicher von einer Nachtspeicherheizung zerren, ohne dass er sich das Schlüsselbein brach. Ein Bruder würde lachen, sich schütteln wie ein junger Hund und weiterspielen. Ein Bruder würde ihn vielleicht sogar *verteidigen*, wenn es Schwierigkeiten gab.

Obwohl...

Eines Nachmittags kam es zu einem Zwischenfall. Später wusste keiner mehr, wer den Streit vom Zaun gebrochen hatte, aber Ulf konnte sich nicht vorstellen, dass Oliver es gewesen war. Einer der anderen Jungen musste es gewesen sein, da waren einige ziemlich streitlustige Kerle darunter, die nur auf eine Gelegenheit zum Streiten warteten, von denen man sich besser fern hielt, mit denen die Betreuer alle Hände voll zu tun hatten, jedenfalls: lagen sie plötzlich da im Dreck, auf dem Zugang zum Strand, Oliver und ein Junge namens Mike. Rangelten, schlugen aufeinander ein, zäh und schweigend, selbst der aufwirbelnde Staub schien lauter zu sein als die beiden Streithähne.

Fünf, sechs weitere Jungen und zwei Mädchen standen daneben und sahen zu, ebenfalls schweigend. Keine Anfeuerungsrufe. Und Hanuk, der stand ebenfalls daneben. Der griff weder ein noch kam er Oliver zur Hilfe. Die dunklen Hände hingen an seinem dunklen Körper herab,

sein Blick war ganz weit fort. Ulf sah das Spiegelbild seiner eigenen Verwirrtheit in den Augen der übrigen Zu-
schauer: Da schlugen sich zwei, wo eigentlich drei sich
schlagen müssten.

Der Vorfall beschäftigte ihn auch dann noch, als Mike
und Oliver sich längst ausgesöhnt hatten und – jetzt
wieder im Schulterschluss mit Hanuk – über den Strand
tobten, wo sie laut lachend kleine Krebse verfolgten, die
seitwärts über den hellen Sand davonhuschten.

Ulf sah auf die Leuchtziffern seiner Uhr.

Viertel vor eins. Die vorletzte Nacht.

Alle schliefen.

Morgen Nacht würde niemand richtig schlafen, das
wusste er. Aufgeregt wegen der bevorstehenden Heim-
reise würden sie alle sein, sich spätabends ein letztes
Mal ums Lagerfeuer versammeln, züngelnde Flammen
und zischende Glut, Würstchen auf Stöcken, und alle
würden ihre gebatikten T-Shirts tragen und sie würden
singen von brausenden Wogen, und der Abend würde
warm sein, erfüllt vom Sirren der Mücken, die gegen
den vom Land zur See hin wehenden Wind anschwirr-
ten.

Er versuchte die Umrisse der anderen Jungen in ihren
Schlafsäcken zu sehen. Wenn man lange genug die Au-

gen geöffnet hielt, gewöhnten sie sich an die Dunkelheit.

Er musste dringend aufs Klo.

Leise tapste er aus dem Zelt. Nachts kühlte die Luft empfindlich ab, er fröstelte in T-Shirt und Unterhosen. Nur der sandige Boden war noch warm unter seinen nackten Füßen.

Auf dem Rückweg bemerkte er, dass im Betreuerhaus noch Licht brannte. Neugierig glitt Ulf darauf zu, streckte die Arme aus und flatterte, segelte lautlos durch die Nacht, wie eine Motte dem Licht einer Straßenlaterne entgegenflattert. Ein Fenster war geöffnet. Undeutlich hörte er Stimmen, kaum mehr als ein dumpfes Murmeln. Er drängte sich näher an das Haus. Schob sich unter das Fenster.

»Elfie… Ein komischer Name.« Barbaras Stimme. »Klingt ein bisschen altmodisch, findet ihr nicht?«

Die Antwort war ein mehrsekundiges Schweigen. Ulf stellte sich ein Achselzucken vor, eine Zigarette, die ausgedrückt, eine Flasche Cola, die an die Lippen geführt wurde. Dann Pepe: »Jedenfalls ist sie ertrunken, die Kleine. Und ihre beiden Brüder waren dabei. Wollten sie noch aus dem Wasser holen, aber konnten nicht schwimmen. Der eine, Hanuk, glaube ich, ist beinahe noch selbst untergegangen.«

»Ach Gott.« Ein Flüstern. »Wie schrecklich!«

»Wann war das?«

»Vor zwei Jahren.«

»Wie hat mich das früher genervt, auf meinen kleinen...«

Ulf torkelte durch die Dunkelheit.

Passt auf eure Schwester auf.

Pass auf Sabrina auf.

Gott der Herr hat sie gezählet...

Von fern erklang das Rauschen der See. Aus den Luken und Ritzen der Zelte schwebten die Atemzüge der Ferienkinder in den Himmel, dreiundfünfzig Kinder, zweiundfünfzig verschiedene Atemzüge.

Autor(inn)en

ERWIN GROSCHE
geboren 1955, lebt als Kabarettist, Schauspieler und Autor in
Paderborn. Er schrieb diese Geschichte für seine Geschwister
Theofried, Ute und Heiko. Er wurde als Jüngster von ihnen so
verwöhnt, dass er sich damit bedanken möchte.
Die Abenteuer der unglaublichen Kaminski-Brüder, S. 109,
© dtv

DOROTHEE HAENTJES
geboren 1963 in Köln. Nach dem Magisterstudium der Ver-
gleichenden Literaturwissenschaft arbeitete sie in in- und aus-
ländischen Kinder- und Jugendbuchverlagen. Seit 1993 lebt sie
als freiberufliche Autorin und Übersetzerin in Bonn.
Privatfernsehen, S. 24, © dtv

MARTIN KLEIN
geboren 1962 in Lübeck, aufgewachsen im Ruhrgebiet. Nach
einer Ausbildung zum Landschaftsgärtner studierte er Land-
schaftsplanung in Berlin, wo er heute als freier Autor lebt.
Der doppelte Blinddarm, S. 125, © dtv

IRMA KRAUSS
1949 in einem schwäbischen Dorf geboren, arbeitete nach
ihrem Pädagogikstudium mehrere Jahre als Lehrerin. Seit
1989 veröffentlicht Irma Krauß Romane und Erzählungen für
Erwachsene und Jugendliche. 1991 wurde sie mit dem Litera-
turpreis der Dillinger Kulturtage ausgezeichnet.
Ich kenne einen Platz, wo uns niemand sieht, S. 37, © dtv

Marjaleena Lembcke-Heiskanen
1945 in Finnland geboren. Sie kam 1967 nach Deutschland,
studierte Bildhauerei und schreibt seit 1985 Erzählungen, Gedichte sowie Kinder- und Jugendbücher in deutscher Sprache.
Traumköpfe im See, S. 140, © dtv

Anne Maar
geboren 1965. Nach dem Abitur arbeitete Anne Maar als Re-
gieassistentin und Regisseurin am Theater, schrieb Drehbücher, u. a. für die Kinderserie ›Siebenstein‹, und begann 1992
Kinderbücher zu schreiben. Heute lebt Anne Maar auf dem
Land in Unterfranken.
»So süß!«, S. 65, © dtv

Eckhard Mieder
geboren 1953 in Dessau/Anhalt, aufgewachsen in Berlin. Nach
einem Studium der Journalistik in Leipzig war er zunächst als
Zeitungsreporter, dann als Fernsehredakteur tätig. Seit 1986
veröffentlicht er Gedichte, Lieder, Hörspiele, Drehbücher und
Romane. Er lebt als freier Autor mit seiner Familie in Berlin.
Willi, Unku, das Fernsehen und ich, S. 52, © dtv

Bettina Obrecht
1964 in Lörrach geboren. Nach einem längeren Aufenthalt in
Costa Rica studierte sie in Heidelberg Spanisch und Englisch.
Heute ist sie als freie Autorin und Übersetzerin tätig. Ihr ers-
tes Kinderbuch erschien 1993.
In gute Hände abzugeben, S. 7, © dtv

Nina Schindler
lebt als freie Autorin und Übersetzerin mit Mann und fünf
Kindern in Bremen.
Der Zwilling, S. 81, © dtv

Andreas Steinhöfel
1962 in Battenberg geboren, lebt als freier Autor in Berlin.
Er studierte englische und amerikanische Literatur. Heute
schreibt und übersetzt er Bücher für Kinder und Jugendliche
und arbeitet für Rundfunk und Fernsehen. Außerdem ist er als
Kritiker tätig.
Bruders Hüter, S. 151, © dtv

Katrin Topsch
geboren 1973 in Essen, aufgewachsen in Oldenburg. Seit 1992
studiert sie Germanistik und Jura, zunächst in Köln und Wol-
verhampton, heute in Göttingen.
Sonne, Maus und Sterne, S. 96, © dtv

Die Illustratorin:
Jutta Bauer, 1955 in Hamburg geboren, studierte an der Fach-
hochschule für Gestaltung in Hamburg. Sie illustriert seit
vielen Jahren mit großem Erfolg Bilder-, Kinder- und Jugendbücher und hat sich auch als Cartoonistin einen Namen gemacht.